EMPLEO-
EMPRESARIO

EMPLEO-EMPRESARIO

AUMENTA TU PROPIO SALARIO Y CONSIGUE
PROMOCIONES USANDO 4 SIMPLES
TALENTOS QUE TODOS TENEMOS

Carlos Sano
Autor | Director Ejecutivo
Creditazo

Libros Creditazo

Diseño interior por: ALISHA
Diseño de portada por: Carlos Sano
Editor: Juan Pablo Sánchez
propuestasmelo@gmail.com
ISBN-13: 978-0-578-78163-1

A mi amada esposa Mari y mis hijos Kai y Carlitos, los amé, los amo y siempre los amaré.

..., y te darás cuenta de que un empleo-
empresario esta por encima de su empleo,
su empleador y la misma compañía porque ella es
un agente libre con acceso a
todos los recursos existentes dentro de la compañía
para aumentar su propio salario.

Carlos Sano

*«Cuando todas las consecuencias lógicas de
una innovación se presentan al mismo tiempo,
el impacto en la rutina es tan grande que los
hombres tienden a rechazarlo por completo,
mientras que, si se les hubiera invitado a
dar un paso cada diez o veinte años, podrían
haber sido persuadidos hacia el camino del
progreso sin mucha resistencia.»*
—Bertrand Russell

TABLA DE CONTENIDO

PREFACIO

Escribí este libro con una sola intención en mente: mostrar a los empleados de todo el mundo cómo pueden crear el estilo de vida que sueñan en sus trabajos actuales.

Este libro no tiene la intención de avanzar tu carrera ante los ojos de tu jefe (aunque lo hará). Su objetivo #1 es ayudarte a ganar más dinero que tu jefe o gerente... mucho más dinero. Aquí no encontrarás consejos motivándote a que trabajes más duro o más horas.

No escucharás nada de eso, porque este libro es para ti y sobre ti, no sobre tu jefe o empleador. No se trata de convertirte en un mejor empleado o llegar a tiempo al trabajo... se trata de reclamar el tiempo y las riquezas que La Revolución Industrial y el sistema educativo del mundo nos han negado por mucho tiempo.

Como empleado y como persona, tienes necesidades y deseos que el acuerdo actual entre empleador y empleado no puede satisfacer a nivel personal o financiero. Para muchos de nosotros, la alegría, los beneficios y el significado del trabajo se han reducido a una tarea sin sentido que hacemos para obtener una cantidad limitada de dinero con el fin de ahorrar un poco, comer, pagar nuestras facturas, retirarnos y morir.

Cuando pensamos en el trabajo, lo primero que nos viene a la mente es cualquier actividad que hagamos en nombre de otra persona para ganar dinero. Pero esta definición del mismo ha sido creada por un sistema laboral creado en la Era Industrial. Ya no estamos en la Era Industrial, estamos en la Era de la Mente, la Era del Conocimiento Ilimitado.

El trabajo es una expresión natural de quienes somos. El diccionario define el trabajo como: "mano de obra", pero un trabajo, un empleo es mucho más. Esta definición del diccionario es incorrecta, está de acuerdo con el sistema industrial de factorías y trabajos manuales. Como empleo-empresario tu trabajo es mental e intelectual.

Somos seres creadores y podemos crear sin límites. Como empleado tu salario tiene límites, pero como empleo-empresario puedes eliminar esas limitaciones y ganar más dinero del que estás ganando en este momento. Pero para que eso suceda, debes decidir comenzar a utilizar tu inteligencia, tu experiencia y los recursos de tu empleador de una manera diferente. No esperes a que tu jefe te aumente el salario... auméntalo tú mismo usando las ideas que te presento en este libro.

INTRODUCCIÓN

¿Alguna vez te has preguntado por qué somos empleados? ¿Por qué nos vemos obligados a levantarnos temprano por la mañana y pasar ocho o diez horas atrapados en una oficina u otro lugar haciendo cosas que podríamos amar, pero que tal vez odiamos?

La respuesta fácil es: porque tenemos que pagar nuestras cuentas; queremos comprar cosas y necesitamos dinero. Los empleadores nos dan ese dinero, y nosotros les damos nuestro tiempo y habilidades (actuales y futuras). Trabajar, para alguien, es la única vida que muchos de nosotros hemos conocido para ganar dinero. Es lo que hicieron nuestros padres, y es lo que la mayoría de nosotros hacemos.

La mayoría de las veces, seguimos los pasos de las personas que amamos y respetamos. Pero nuestros padres, y sus padres, aprendieron a ser empleados debido al plan bien elaborado de los creadores de la Revolución Industrial para monopolizar y usar nuestra energía y habilidades. Los industrialistas que iniciaron la era industrial necesitaban mano de obra barata y fácil de reemplazar.

Sin embargo, la palabra "empleado" no es sinónimo de salarios bajos o estancamiento salarial. Cada compañía - no importa su tamaño - tiene muchos recursos (dinero, maquinaria, empleados, patentas, inventos, relaciones, materia prima, etc.) a su disposición. Cualquier empleado con las ideas correctas puede poner esos recursos a trabajar y ganar más dinero para la empresa y para sí mismo.

Ninguna compañía en la Tierra puede aprovechar al máximo todos sus recursos. El concepto de empleo-empresario es simple. Sin embargo, seguramente encontrarás escepticismo, prejuicio, miedo y política en el mundo de los negocios, porque la mentalidad convencional es que tú, como empleado, no deberías ganar más dinero del que ganas ahora. Esta es la mentalidad actual en cualquier industria, empresa, o institución gubernamental en todo el mundo.

No tengas la menor duda... este libro es para ayudarte a ganar más dinero en tu trabajo, si es lo que deseas. Se trata de monetizar efectivamente los beneficios y la experiencia que posees en este momento en tu posición. Se trata de empoderarte para aumentar tu salario y vivir la vida que deseas.

Espero que este libro pueda ayudarte a comenzar a vivir esa vida. Estoy seguro 100% de que este libro puede ayudarte a ganar más dinero... el uso que le des al dinero depende de ti.

¿QUÉ ES UN EMPLEO-EMPRESARIO?

Un empleo-empresario es un empleado que ha encontrado la manera de utilizar de forma efectiva el dinero, las maquinarias, equipos, las conexiones, la materia prima, el personal y otros recursos de su empleador para aumentar su propio salario.

$$$$$$$$ EMPLEO-EMPRESARIO

$$$$$$$$ JEFE

$$$$$ GERENTE

$$$$ SUPERVISORES

$$ EMPLEADOS

GANA INCLUSO MÁS DINERO QUE TU JEFE

Sea quien sea tu jefe y sea cual sea su función, al igual que tú, está trabajando para la empresa. Incluso si es el dueño, está trabajando para que esta tenga éxito. Su trabajo y el tuyo son exactamente iguales en muchos aspectos. Todos tienen el mismo objetivo: hacer crecer la empresa financieramente. No dejes que la estructura jerárquica y el concepto de escalera corporativa te hagan creer que tienes que ganar menos que nadie en la empresa. Además, en el mundo actual, las oportunidades que tienes para marcar la diferencia (¡sin importar tu función!) son enormes.

Todos los empleados ayudan a aumentar los ingresos de la empresa, ya sea consiguiendo un nuevo cliente, mejorando un producto o servicio existente o incluso creando uno nuevo. Si encuentras nuevas maneras de aumentar los ingresos de la empresa, tu jefe se convertirá en tu mejor aliado. Él o ella estará feliz de trabajar en los proyectos que crees y para los clientes que traigas al negocio.

Durante mucho tiempo, los empleados del mundo han limitado su potencial creativo. Es hora de desbloquear todo ese potencial que permanece ocioso y aumentar extraordinariamente tu productividad intelectual y tu salario.

LA LANGOSTA

Cuando se saca una langosta del agua y se la coloca sobre las rocas, esta no tiene suficiente sentido de supervivencia como para abrirse camino de regreso al mar. Ella esperará pacientemente a que este venga a buscarla y la devuelva sana y salva al agua.

Si el mar no llega, la langosta permanecerá donde está y morirá, a pesar de que con un mínimo esfuerzo que hubiese hecho podría haber llegado a las olas, a solo pocos metros de distancia, y salvar su vida.

Este mundo está lleno de personas-langosta, millones de personas varadas en las rocas de la indecisión y la pereza. En lugar de utilizar sus propias energías, estas personas esperan a que llegue una gran ola de fortuna (lotería, partidos políticos, un tío rico, etc.) y les dé riquezas.

¿Qué tipo de persona eres tú? Este libro no es para personas-langostas...

CAPÍTULO 1
LA MAGIA DE LA AUTOESTIMA: EL PRIMER PASO PARA AUMENTAR TU SALARIO

«Dime cómo una persona juzga su autoestima y yo te diré cómo esa persona opera en el trabajo, en el amor, en el sexo, en la crianza de los hijos, en todos los aspectos importantes de la existencia, y qué tan lejos es probable que él o ella llegue. La reputación que tienes contigo mismo, tu autoestima, es el factor más importante para una vida plena».
—Dr. Nathaniel Branden

Millones de personas pasan por la vida sin comprender realmente cómo la baja autoestima afecta cada área de sus vidas y destruye el respeto propio, la dignidad, y la integridad. Las consecuencias pueden ser tan devastadoras para la vida de una persona, que la mayoría de los fracasos personales en las carreras, la crianza de los hijos, o los matrimonios, tienen sus raíces en la baja autoestima.

Puedes ver el mayor fenómeno de baja autoestima al final de cada año cuando las personas declaran sus planes de Año Nuevo. Estas personas quieren lograr tantas cosas, pero en el momento en que desaparece el buen sentimiento de Año Nuevo, también desaparecen sus sueños. La verdad es que la mayoría de las personas no creen que se merecen todo lo que desean.

Nuestro sistema educativo no solo nos enseña a ganarnos la vida, a vivir de cheque en cheque, sino que también crea una sensación de "No es suficiente" al llenar nuestras mentes de información inútil y de muy poco valor comercial. La construcción de una autoestima positiva no se encuentra en ninguna parte del sistema educativo.

El sistema nos prepara para ganarnos la vida como empleados, y nos prepara para fallar miserablemente cuando se trata de comprendernos a nosotros mismos y descubrir las increíbles fuerzas que se esconden dentro de nosotros.

Pasé años tratando de descubrir por qué había un muro a mi alrededor impidiéndome alcanzar las metas y objetivos que me había fijado. Por qué, incluso si quería libertad financiera, en el fondo sentía y actuaba como si no lo mereciera. Me autosaboteaba repetidamente y no podía realizar mis proyectos.

Me sentía como si estuviera corriendo en una rueda de hámster. Repetidamente terminaría en el mismo lugar, con las mismas circunstancias y la misma frustración, y simplemente no podía entender por qué. Lloraba cuando nadie podía verme. Frustrado, en secreto pensaba en el suicidio.

Llegué a la conclusión de que era genéticamente defectuoso. Había algo mal conmigo que necesitaba arreglar. Necesitaba corregirme, pero no sabía cómo. Solo sabía que no quería seguir viviendo así.

Mi deseo de tener éxito y de darle a mi familia lo que siempre soñé era tan grande, que este deseo hacía que cada fracaso fuera aún más doloroso. No sabía que mi problema era una muy baja estima. Estoy seguro de que no estaba solo. Hay muchas personas que no tienen ni la menor idea de qué es lo que los está bloqueando, en muchos casos se trata de baja autoestima y somos nosotros mismos quienes nos bloqueamos.

La autoestima, sin duda, será el factor más importante para aumentar tu propio salario. Cuanto más creas y afirmes que te mereces algo, más tendrás y obtendrás. En la sociedad occidental, tendemos a vincular nuestro valor personal con la cantidad de dinero que ganamos. El dinero es un incentivo poderoso, pero es un motivador externo.

Tener una autoestima saludable y positiva te motivará desde adentro hacia fuera, ahí está el verdadero poder. Cuando descubrí el trabajo del Dr. Nathaniel Branden y comencé a usar su material, mi vida dio un giro hacia lo desconocido. Algo se encendió dentro de mí y la perspectiva de mi vida cambió por completo. De repente entendí que podía lograr todo lo que mi corazón desease.

Hazte un favor: corre a Amazon y compra el libro: "Los Seis Pilares de la Autoestima" del Dr. Nathaniel Branden. Este libro en mi opinión, es el mejor libro escrito sobre el tema. En él, el Dr. Nathaniel habla sobre algunos ejercicios simples que transformaron mi vida. Estos ejercicios son tan simples que puede que los ignores como algo trivial.

Mientras practicaba estos ejercicios, sentí que algo poderoso irrumpió en mi mente inconsciente y comenzó a revelarme el verdadero yo. Fue muy transformador y estoy seguro de que el proceso tendrá el mismo efecto o mejor en ti.

Antes de que puedas aumentar tu propio salario, debes creer que te mereces ese aumento, esa promoción o ese reconocimiento. Esto es tan cierto porque, si el cambio no ocurre primero adentro, es casi imposible que ocurra afuera. Y si logra suceder afuera, lo más probable es que no dure.

Muchas personas creen que solo porque somos hijos de Dios, debemos tener una alta autoestima. Lamentablemente, no es tan fácil. Nada es gratis. Siempre hay algo de trabajo envuelto, y el trabajo para mejorar la autoestima debe ocurrir en las mentes y los corazones de cada persona.

El Dr. Branden creó unos ejercicios que son muy útiles para subir la autoestima. El ejercicio (adaptado del trabajo del Dr. Branden) consiste en leer las preguntas a continuación, y completar o responder lo más rápido posible, dando 5 finales a cada oración o respuesta. Haz este ejercicio por la mañana cuando te despiertes y por la noche antes de acostarte. Debe tomar unos 10 minutos cada vez.

Estas son las frases y preguntas de la oración:

Si acepto más mis pensamientos e ideas...
1.
2.
3.
4.
5.

Si acepto más mi cuerpo...
1)
2.
3.
4.
5.

Si acepto más mis miedos...
1.
2.
3.
4.
5.

Si estoy más de acuerdo con mi entusiasmo...
1.
2.
3.
4.
5.

Si aporto un 5% más de consciencia a mis relaciones con mi familia, esposa, amigos e hijos, ¿qué sucedería?

1

2.

3.

4.

5.

Si aporto un 5% más de consciencia a mis relaciones con mi jefe y mis compañeros de trabajo, ¿qué sucedería?

1.

2.

3.

4.

5.

Si aporto un 5% más de consciencia sobre la evolución de mi mentalidad laboral, ¿qué sucedería?

1.

2.

3.

4.

5.

Si estuviera seguro de que me las arreglaría, triunfaría y prosperaría en cada desafío y oportunidad que enfrente en mi futuro, ¿qué sucedería?

1.

2.

3.

4.

5.

Si aporto un 5% más de consciencia sobre cómo hago dinero en mi trabajo, ¿qué sucedería?

1.

2.

3.

4.

5.

Si fuera posible para mí aumentar mi sueldo en este momento, ¿qué haría con el dinero?

1.

2.

3.

4.

5.

Puedes modificar las preguntas para adaptarlas a cualquier situación o circunstancia que consideres que deseas mejorar en tu vida. A medida que realices este ejercicio de autodescubrimiento para aumentar tu autoestima, comenzarás a sentir una sensación de poder.

Algo que nunca antes habías experimentado, algo personal y único. Este nuevo entendimiento de que mereces felicidad, amor, salud y dinero te llenará hasta el alma. La información que descubrirás en las siguientes páginas también será de gran ayuda.

Adelante, pruébalo. ¡Comienza a aumentar tu sueldo desde adentro!

CAPÍTULO 2
FRANKENSTEIN

«Tecnológicamente hablando, ahora tenemos [seis mil millones de multimillonarios] en esta nave espacial llamada Tierra que desconocen por completo su buena suerte. Sin que sepamos, [nuestro] legado está siendo juzgado por la ignorancia general, el miedo, el egoísmo y una infinidad de leyes profesionalmente paralizantes, de licencias, de zonificación, de construcción y similares, tal como las mantienen burocráticamente las estructuras de poder en ejercicio».
—R. Buckminster Fuller, *Camino crítico*

Todos conocemos el monstruo: Frankenstein, la criatura creada por Víctor Frankenstein, el científico de la novela de Mary Shelley. Es el clásico que dio origen a la ciencia ficción y popularizó historias de terror en todo el mundo. Pero, Mary Shelley no solo escribió una historia de terror; ella dio vida, una voz y acciones a uno de los problemas más difíciles de la humanidad: la creación de sistemas que nos atrapan, nos matan o al menos nos hacen terriblemente infelices.

Desde que establecimos las primeras sociedades, hemos estado creando sistemas sociales para hacer la vida más fácil y así progresar. Y hemos avanzado mucho más allá de las condiciones en las que vivían nuestros antepasados. No tengo dudas al respecto, porque hoy vivimos vidas más cómodas. Pero no hemos progresado como una comunidad global de personas, que tienen suficientes recursos para crear un paraíso en la tierra, por lo menos a nivel financiero.

Muchos elementos de los sistemas gubernamentales, religiosos, educativos y familiares que implementamos, nos detienen e impiden nuestro progreso y a veces, incluso nos mantienen así por años sino siglos, en la ignorancia.

Como ya sabes, el diccionario define un sistema como "un conjunto de cosas o partes conectadas (y agrego: personas) que forman un todo complejo y uniforme". Cuando un sistema se apodera culturalmente de una sociedad, la mentalidad social masiva deja de cuestionar sus inconvenientes y se somete al nuevo sistema de creencias, al nuevo sistema social. Es una muerte masiva del intelecto humano.

Muchos de los descubrimientos e inventos que hemos realizado en los últimos 200 años podrían haberse realizado hace miles de años. Los elementos de la Tierra de los que los hermanos Wright usaron para poder volar han estado presentes en el planeta durante miles de años. Orville Wright escribió a un amigo: "¿No es sorprendente que todos estos secretos se hayan conservado durante tantos años solo para que nosotros pudiéramos descubrirlos?".

Pero estos nunca han sido "secretos". Newton y muchos otros científicos antes y después de él nos presentaron un mundo completamente nuevo de posibilidades tecnológicas y avances en la sociedad. Sus descubrimientos dieron origen a la revolución industrial y al mundo moderno en el que vivimos hoy.

El problema número uno con los sistemas, es que tendemos a aceptarlos y no los cuestionamos. Durante muchos años, la autoridad de la tierra en Europa, la Iglesia Católica, dijo que la Tierra era plana, y esto fue aceptado por casi todos. La gente incluso era quemada viva por solo decir que la tierra era redonda.

En la India actual existen sistemas de castas sociales que infligen inferioridad en las mentes, los corazones, y la expresión social de grupos de personas. Según la Enciclopedia Gale de la Historia de los EE. UU., en el siglo XVIII, los sirvientes por contrato (esclavos blancos) superaban en número a los esclavos africanos en las colonias británicas de América del Norte. Como víctimas y opresores, nos sentimos cómodos, nos sentimos complacientes, y nos adaptamos a la nueva situación de servidumbre por contrato, esclavitud, o esclavitud financiera, como podemos ver en el sistema laboral global actual.

Los Sumerios crearon el primer sistema agrícola conocido por el hombre, y hoy lo usamos para librar una guerra en mercados competitivos y crear una falta sistemática de alimentos y hambre en el mundo. Los Prusianos crearon las primeras escuelas militares para disciplinar y construir soldados leales para su ejército. Crearon el ejército más organizado de su tiempo debido a su ordenado y disciplinado sistema de educación militar. Las sociedades modernas adaptaron este modelo de escuela militar para alimentar el sistema laboral global iniciado por la revolución industrial.

Como empleado, se espera que limites tus capacidades intelectuales para ejecutar la descripción de tu trabajo, o realizar el trabajo por el que te pagan y nada más. La creencia o hábito sistemático es: ir a trabajar, hacer tu trabajo y volver a casa para descansar, y volver a trabajar al día siguiente. Pero esta creencia en el sistema laboral global no es sostenible. La gente pronto comenzará a darse cuenta de que la descripción de su trabajo no es lo único que pueden hacer en su lugar de labores. Comenzarán a ver sus trabajos como una plataforma para la creación de la riqueza, no solo para sus empleadores, sino que también para ellos mismos... esta tendencia es imparable.

En el libro de Mary Shelley, el monstruo mató a su creador porque los sistemas artificiales generalmente matan la vida real. Por ejemplo, el concepto de comercial y económico que hemos creado. Este es un concepto basado en la falta, carestía y el manejo de recursos escasos, a pesar de que tenemos más recursos de los que podemos consumir en el planeta y los medios para crear otros nuevos. Este sistema económico crea grandes cantidades de dinero para algunos y deja al resto de la humanidad sin poder satisfacer sus necesidades más básicas.

Los sistemas que implementamos sofocan la vida y la alegría de aquellos a quienes se supone que deben servir y proteger. Millones de personas que sufren en todo el mundo están sujetas a sistemas que oprimen e impiden su desarrollo personal y financiero. Estas personas sufren los absurdos que hemos puesto en estos sistemas sociales y comerciales.

Tomemos el ejemplo de un joven inmigrante serbio que vino a Estados Unidos para cumplir su sueño de construir la primera central eléctrica en las Cataratas del Niágara, utilizando corriente alterna, un nuevo concepto en ese momento, para llevar la electricidad en Nueva York a un nivel más alto de eficiencia y consistencia en el servicio eléctrico.

Nikola Tesla habría encajado perfectamente si hubiera llegado a ser parte del modelo existente, el sistema de corriente directa (CD). Pero no encajaba porque tenía ideas extrañas, como la creación de un motor para manejar corriente alterna (CA).

El hombre que nos dio el mundo moderno de la electricidad, la radio, Internet, el control remoto, los autos eléctricos, las armas sofisticadas, e incluso la electricidad inalámbrica, tuvo que cavar hoyos durante un año en Nueva York para ganarse la vida, antes de tener la oportunidad de realizar su visión y sueño.

Aunque los grupos élite de la época conocían exactamente los beneficios que el éxito de Tesla podría aportar a la humanidad, este genial inventor también tuvo que enfrentarse al monstruo sistemático de la época. Ese monstruo era Thomas Edison, quien era el proveedor número 1 de electricidad en New York, pero su sistema era ineficiente, caro y dañaba muchas neveras y otros aparatos eléctricos porque no podía controlar el flujo eléctrico. Edison odiaba a Tesla porque su nuevo modelo eléctrico no solo era superior, sino que era también más barato y menos peligroso. Pero al final, el mejor sistema sobrevivió y hoy tenemos el motor Tesla por todo el mundo ayudándonos a controlar el flujo eléctrico. ¡Gracias Tesla!

Otro ejemplo notable de la época fue el freno de aire para trenes inventado por George Westinghouse. Tuvo que esperar más de 20 años para que el Congreso de EE.UU. decretara un mandato para que los trenes pudieran usar su nuevo invento. Antes de la invención del freno de aire, era muy difícil para los trenes detenerse rápidamente. El conductor tenía que revertir el flujo del vapor para usar el motor como freno. Pero el Congreso no vio la necesidad de la nueva tecnología o los intereses de cabildeo de la época impidieron su introducción. Tomando prestado el concepto del libro de Mary Shelley, el monstruo había matado a su creador.

¿Qué tiene que ver todo esto con tu salario? Tu salario semanal, quincenal, o mensual, no es un evento aislado. Es parte de un proceso sistemático que mantiene a millones de personas en la esclavitud financiera Para liberar tu salario de las limitaciones de las horas que trabajas y que la descripción de tu trabajo le impone, deberás involucrar tu mente de una manera diferente. Deberás comenzar a considerar las operaciones generales de tu empleador como propias para aumentar tu propio salario.

Por lo tanto, tu desafío como empleo-empresario no es solo aumentar tu salario, es también desmitificar los mitos de los viejos sistemas laborales y romper los viejos hábitos relacionados con lo que haces por dinero. Como empleo-empresario, desafiarás la mentalidad cultural de "así es como lo hemos hecho durante cientos de años, no es necesario cambiarlo". Te enfrentará a los mismos monstruos sistémicos que Newton, Westinghouse, Tesla y muchos otros enfrentaron en su tiempo para crear el mundo que imaginaron para ellos y para el resto de la humanidad. Te enfrentarás a este monstruo en ti mismo, en tu familia, amigos, colegas de trabajo y en la sociedad en general.

Pero también debes comprender que eres la primera y más importante persona en la que necesitas trabajar. Debes "desenredar" primero tu mente y luego tus acciones. Como dijo el empresario y orador motivacional Jim Rohn: "trabaja más duro en ti mismo que en tu trabajo". Abre los ojos y comprende que los sistemas como el esquema laboral global, solo pueden obtener lo mejor de ti si tú lo permites. Tu mente es la fortuna más codiciada en este planeta.

Recientemente vi una de las películas de Harry Potter con mis hijos y están fascinados por los efectos y el mundo mágico de dichos films. A menudo les digo que también viven en un mundo de fantasía y que sus mentes son sus varitas mágicas. Tu mente es tu arma más poderosa para confrontar y conquistar el sistema de trabajo en el que vivimos hoy.

El sistema laboral está configurado para hacerte intercambiar tiempo por dinero. Cuando te conviertes en un empleo-empresario, intercambias ideas por dinero y tienes un terreno fértil en tu lugar de trabajo para hacerlo. Puedes salir de la rueda del hámster y comenzar a usar los recursos de tu empleador para ayudarlos a ellos y ayudarte a ti mismo.

Como ex operador de Forex, una de las lecciones más importantes que aprendí fue "Cuando veas a las masas yendo en una dirección, toma el camino opuesto".

CAPÍTULO 3
LA REVOLUCIÓN INDUSTRIAL Y TU SALARIO LIMITADO

«La Revolución Industrial puso un océano de oro en tus manos, puedes sacar el oro con las manos o con camiones verdadera fuente de la riqueza y el capital en esta nueva era no son las cosas materiales».

—Carlos Sano

La Revolución Industrial fue un período en la historia de la humanidad, entre 1700 y 1900, en que los ricos de la época comenzaron a financiar la creación de maquinarias para la producción masiva de productos.

A diferencia de muchas otras revoluciones, esta no fue iniciada por las masas. Comenzó bajo el control absoluto de un grupo de industrialistas. La industrialización se inició en Inglaterra, extendiéndose luego a Europa continental, y posteriormente a los Estados Unidos y al resto del mundo. La Revolución Industrial influenció todas las áreas socio-económicas existentes y emergentes como: agricultura industrial, carbón, transporte, producción de petróleo, energía, tecnología, banca, finanzas, electricidad, y manufactura industrial.

Las fábricas que comenzaron a aparecer alrededor de este movimiento industrial necesitaban personas (empleados) para impulsar su crecimiento, porque - como ya se sabe - sin empleados, una empresa no es más que un edificio lleno de materia prima y maquinaria. Sin ti, sin mí, una empresa está muerta. La gente no estaba acostumbrada a pasar tanto tiempo en espacios cerrados, y por eso tuvieron que condicionar a los futuros empleados como tú (y como yo) para que no se quejaran cuando tuvieran que pasar 8 o 10 horas encerrados trabajando. Los industrialistas buscaron el mejor sistema para educar a las masas y lo encontraron en Prusia - un reinado de Alemania - alrededor del siglo XVIII. Prusia tenía un sistema "educativo" para crear soldados que usaba en sus guerras. De ahí nace el sistema educativo que tenemos hoy en todo el planeta.

La Revolución Industrial no solo cambió el comercio mundial, sino que también modificó la psicología y el comportamiento de la gente. Los campos comenzaron a convertirse en ciudades y la gente empezó a tener necesidades y deseos monetarios que antes no tenía. Comenzamos a ver productos que antes no existían. Las ciudades empezaron a exigir el pago de alquileres, comprar comida en vez de sembrarla, pagar por entretenimiento entre otros cambios comerciales. La necesidad de un salario era evidente. Y así, los industrialistas tomaron control del futuro del mundo al establecer el nuevo sistema educativo a nivel global, para enseñarle a la gente a ser feliz con un salario y una vida limitada. El sistema escolar se convirtió en la plataforma perfecta para inculcar estas creencias y crear empleados con buen comportamiento. Por eso los estudiantes se pasan 8 horas metidos en edificios que parecen fábricas, para que así de adultos no se quejen. Hemos recibido una buena formación para aceptar el *status quo* y ver el mundo laboral como algo de lo que no podemos escapar, algo sobre lo cual no tenemos ningún control o influencia.

Pero, ¿por qué tiene que ser así? ¿Quién dice que tenemos que trabajar hasta que nuestros cuerpos no puedan aguantar más? ¿Quién dice que tenemos que vivir nuestras vidas según el guion de otras personas: jefes, empleadores, profesores, industrialistas? ¿Quién dice que no podemos retirarnos de nuestros trabajos y dejar a nuestros jefes allí, trabajando para nosotros? ¿Quién dice que no podemos aumentar nuestro propio salario en nuestro trabajo?

Fuimos entrenados para levantarnos temprano en la mañana e ir a la escuela para aprender sobre temas generales que no tienen nada que ver con nuestros intereses y talentos particulares. De niños, pasamos desde la mañana hasta la tarde en una habitación cerrada para no sentirnos claustrofóbicos en nuestras fábricas u oficinas. Tenemos que pedir permiso para ir al baño, y nos dan el privilegio de media hora para almorzar, como el único respiro del día. Las asignaturas que se enseñan en la escuela y los métodos de evaluación a los que estamos sujetos, están diseñados para impedir el desarrollo de nuestra capacidad de pensamiento y hacernos menos propensos a cuestionar las cosas.

Todo lo que se necesita para tener éxito en la escuela, se proporciona. No hay motivos para buscar en otro lado, no tenemos que usar nuestra mente para nada. Nos convierten en ganado que pasta cómodamente en las fábricas del mundo. Nuestras mentes se atrofian al no ser usadas y desafiadas.

Este sistema de educación es el método perfecto para crear empleados y así continuar con la esclavitud financiera de La Revolución Industrial. Por supuesto, entiendo la importancia de una buena educación, pero la educación que entrena mentes jóvenes para obedecer las reglas arcaicas y convertirse en peones silenciosos en sistemas laborales que oprimen el espíritu humano, no es una buena educación... es una condena a vivir una vida comercial limitada en un sistema que ofrece riquezas sin límites. Cuando nosotros como niños somos agrupados para aprender sobre temas que no nos interesan personalmente, simplemente estamos siendo entrenados para ser parte de una fuerza laboral que nos robará nuestro tiempo y nuestras riquezas potenciales futuras.

Durante la Revolución Industrial, los niños tenían que trabajar las mismas horas y participar en las mismas formas brutales de trabajo que los adultos, pero a medida que nos volvimos más "civilizados" y socializados, no podíamos continuar haciéndole eso a nuestros hijos. El sistema educativo surgió como un método diferente y más humano para que los niños se sumarán al sistema laboral más capacitados. Es importante que comprendas que el sistema industrial ha sido diseñado para mantenerte en una lucha constante por tu sobrevivencia. Este sistema ha penetrado tan profundo en nuestra sociedad, que se ha vuelto casi invisible, pero en este libro yo lo desnudo y te lo presento para que tú decidas si sigues jugando el juego como empleado o pasas a hacerlo como empleo-empresario.

Como empleado, tu salario tiene un historial unido a él. Es una historia que comenzó en los inicios de la Revolución Industrial; se desarrolló durante muchas décadas de abuso laboral, huelgas, quejas, la creación de sindicatos y muchos otros factores. Como ya sabes, las empresas no tienen en mente tus intereses. Lo que quizás no sepas, es que intencionalmente te mantienen limitado financieramente para que no tengas más remedio que volver a trabajar mañana, la próxima semana, el próximo mes y el próximo año.

Pero estas limitaciones son meras ilusiones: solo pueden bloquearte si crees en ellas. Hoy en día, existen servicios dedicados a investigar los salarios, compararlos, informar a las personas que están buscando trabajo, y hasta te ayudan a conseguir un salario más alto de acuerdo a tu profesión y experiencia. Quizás crees que esto ayuda, pero en realidad solo está diseñado para mantener el *status quo*. Solo refuerza la creencia de que a los empleados se les debe pagar una cantidad de dinero limitada y fija, vinculada o relacionada con la experiencia y no con los resultados y crecimiento de los empleados.

Pero, ¿por qué? ¿No deberíamos ser recompensados en función de nuestra producción y contribución intelectual, y por cuánto podemos innovar para obtener mayores ganancias? ¿No deberíamos estar debidamente incentivados para ayudar al negocio de nuestro empleador a crecer? Limitar los salarios a un monto fijo perjudica tanto al empleador como al empleado. Pero hemos llegado a aceptar esta práctica de limitación salarial (la cual va en contra de la naturaleza humana, porque como personas siempre queremos crecer más), en parte porque estamos preparados para ello desde una temprana edad en nuestro sistema escolar.

Los empleadores de todo el mundo siguen lo que se llama en el mundo empresarial "mejores prácticas". Estas son formas estándar de operación que se encuentran en todas las industrias en el mundo comercial y de negocios. La mayoría de ellas tienen siglos de antigüedad, pero nadie las cuestiona porque, ¿cómo puedes cuestionar las mejores prácticas? Pero son solo las mejores prácticas porque alguien en el mundo corporativo decidió que lo eran. Así que todos aceptan el *status quo*: "Este es mi salario, solo mi jefe o empleador puede aumentarlo, así que tengo que esperar pacientemente a que lo hagan". Es una fila invisible en la que sabemos cual es nuestro número. En esta fila no tenemos poder.

Nos contamos historias para seguir adelante: "si no me dan un aumento para esta fecha, le preguntaré a mi jefe". "Y si todavía no me dan ese aumento, trabajaré más duro y me quedaré más horas sin pedirles que me paguen horas extras. Quizás entonces demuestre que me merezco el aumento". Permitimos que nuestro empleador ejerza un tremendo poder sobre nuestras vidas personales y financieras cuando pensamos de esta manera. Les damos todo el control.

Y la razón por la que esto nos parece completamente normal, es por el adoctrinamiento que recibimos en las escuelas a una temprana edad. Vemos la escuela como una figura paterna: la autoridad que debemos obedecer y respetar. Cuando terminamos la escuela y nos unimos a la sociedad, en nuestra mente reemplazamos la escuela con otras instituciones: corporaciones, iglesias, hospitales, médicos, policías, funcionarios gubernamentales, etc.

Este juego de autoridad y estructura jerárquica tiene un impacto directo en la cantidad de dinero que creemos que deberíamos ganar. Pero no tiene nada que ver con nuestro valor como persona o como profesionales. El juego está diseñado para mantener el *status quo*, para que tu pierdas. Si juegas en su juego y con sus reglas no puedes ganar. Tienes que cambiar las reglas del juego sin pedirle permiso a nadie.

No puedo pretender decirte que puedo cambiar el juego yo mismo, pero al menos puedo explicarte cómo funciona y darte algunas herramientas para que te beneficies de alguna manera.

R. Buckminster Fuller lo dijo mejor: "nunca cambias las cosas luchando contra el modelo existente. Para cambiar algo, crea un nuevo modelo que vuelva obsoleto el modelo existente".

La Revolución Industrial compra tu tiempo y tu trabajo manual e intelectual por centavos. Este es el modelo de negocio en el que se desarrolló la Revolución Industrial. Este esquema mantiene la creencia de que deberías ser feliz simplemente por tener un trabajo y pagar tus facturas. Pero este modelo no puede continuar funcionando en una economía global donde cada individuo debería estar tratando de desarrollar sus capacidades intelectuales para crecer personal y económicamente en una economía globalizada donde todos estamos conectados.

Hay un nuevo modelo que emerge del anterior, y este nuevo modelo es conceptual. Las personas se están dando cuenta del tremendo poder que poseen dentro de sí mismas para crear lo que desean. Están buscando formas alternativas de vivir sus vidas. Este es un nuevo mundo de ideas, imaginación, e innovación. El mundo de los negocios - tal como lo conocemos hoy - no existirá en cinco, diez o veinte años. Los empleos ya no son lo mismo de antes. Hoy tu empleador necesita tu ayuda. En este mismo orden de ideas, los recursos que tenemos a nuestra disposición en nuestro empleo, dejan de tener dueños y se convierten en materia prima para ser usados por cualquier persona que tenga las ideas correctas.

El mundo de los negocios, tal como lo conocemos, ha entrado en un período de profundos cambios: una segunda revolución industrial que está dando forma a nuevas maneras de hacer negocios en todo el mundo. Algunas personas intentan aumentar sus salarios buscando un trabajo de medio tiempo o incluso buscan un segundo empleo de tiempo completo.

Pero otros, como tú, se están dando cuenta de que el mejor lugar para aumentar sus salarios es donde están ahora, en su trabajo actual. Tu salario te pertenece. Está bajo tu control, y ninguna institución, persona o compañía puede mantener tus ingresos bajo control si tu aplicas tu intelecto para aumentarlo cuando lo desees.

Ahora puedes escapar de las garras de la Revolución Industrial usando el mismo sistema creado por la Revolución, pero para que esto sea posible tienes que convertirte en un Empleo-empresario.

CAPÍTULO 4
LA ERA DE LA ILUSTRACIÓN
Y TU SALARIO ILIMITADO

«La verdadera fuente de la riqueza y el capital en esta nueva era no son las cosas materiales. Es la mente humana, el espíritu humano, la imaginación humana y nuestra fe en el futuro».

—Steve Forbes

Según Wikipedia, "la Era de la Ilustración Educativa Social (o simplemente la Ilustración, o la Era de la Razón) fue un movimiento cultural de intelectuales en la Europa del siglo XVIII y las colonias americanas. Su propósito era reformar la sociedad utilizando la razón (en lugar de la tradición, la fe y la revelación) y avanzar el conocimiento a través de la ciencia".

Durante la Ilustración Educativa, Baruch Spinoza, Newton, Voltaire, y muchos otros, enseñaron que las personas no debían creer nada de lo que las autoridades (iglesias, reyes, gobiernos, etc.) les decían. Ellos enseñaron a las personas a probar ideas por sí mismos y a sacar sus propias conclusiones.

Este tipo de pensamiento fue revolucionario en un momento en que la iglesia y los reinados dictaban lo que las personas debían creer y cómo debían comportarse. La Ilustración educativa fue una época de mucho interés en aprender sobre ciencia, lógica y sobre todo razonamiento. Las creencias tradicionales, los dogmas y los estilos de vida basados en la fe, fueron reexaminados y, a veces, rechazados por completo.

Hoy, en todo el mundo, se está manifestando una segunda Era de la Iluminación educativa social. Personas de todos los ámbitos sociales se están dando cuenta de que hemos sido engañados. Nos han hecho creer en un sistema laboral que nos priva de nuestros tres recursos más preciados y valiosos en el mundo físico: tiempo, libertad y riquezas.

Como empleados, vendemos nuestro tiempo, habilidades y experiencia por un precio fijo. La próxima semana irás a trabajar porque no ganaste suficiente dinero la semana pasada. Este es un ciclo que nos lleva desde nuestra juventud hasta la vejez, es interminable. Necesitamos ganar dinero para pagar nuestras obligaciones financieras y comprar las cosas que deseamos tener y disfrutar. Pero vender nuestras habilidades, tiempo, experiencia futura y conocimiento por el mismo salario fijo, semana tras semana, no tiene sentido en esta nueva era donde la materia prima para crear es nuestra mente. Este sistema limita nuestros empleadores y ciertamente nos limita a nosotros también.

Estamos experimentando cambios profundos en todos los ámbitos sociales, cambios que nunca habíamos experimentado en las sociedades humanas. Estos cambios son superiores a aquellos de la Era de la Ilustración. Todas las organizaciones que creíamos que durarían para siempre se están derrumbando. El sistema laboral del mundo se está destruyendo. Los robots, las aplicaciones tecnológicas, los sistemas automatizados están reemplazando a los seres humanos en los trabajos. Los sistemas bancarios se están derrumbando. Bitcoin inspira más confianza que cualquier banco. Las instituciones sin fines de lucro se están desmoronando. Las compañías multinacionales se están derrumbando. Aquellas personas que no puedan pensar por sí mismas serán arrastradas por caos y el gran vacío que dejaran todas estas instituciones.

El acceso a las riquezas del planeta se abre cada vez más para todos. Todos podemos convertirnos en empleo-empresarios en el negocio de nuestro empleador. Tu trabajo, sea cual sea, no es una excepción. Cada industria, grande o pequeña, está cambiando. Muchos dueños de negocios están tratando de encontrar nuevas maneras de automatizar los empleos, para hacerlo con menos gastos o agregar más obligaciones a tu función como empleo. Los seres humanos están resultando ser demasiado caros para las empresas de hoy.

En la actualidad, todo empleado necesita aumentar su valor y los beneficios que trae a la empresa. A diferencia de la Era Industrial, todos tenemos acceso a la misma información. Mucha gente dice que la información es poder, pero en realidad, es simplemente poder potencial. Todo depende de lo que hagas con la información.

La información en sí misma no es valiosa. Hoy, puedes aprender todo lo que tu corazón desee, en el Internet o fuera del Internet. Pero debes aplicar la información para que te sirva y te de la vida que deseas. En los días de la Revolución Industrial, todo lo que se necesitaba eran nuestras manos en nuestros empleos;

hoy en día tenemos que usar nuestras mentes si queremos avanzar en el trabajo.

El mundo moderno es diferente. En 1959, Peter Drucker acuñó el término "trabajador informático". Se refería a empleados como tú, empleados de hoy, que ganan dinero no solo por lo que hacen, sino que también por lo que saben. Tu potencial para aprender es ilimitado. A diferencia de la cantidad de objetos que puedes hacer con tus manos o vender en un día determinado, no hay límite en cuanto a lo que tú puedes aprender. Siempre se puede aprender más.

No siempre reconocemos el poder que tiene el conocimiento. En cambio, estamos estancados por suposiciones y creencias que no siempre son ciertas. Uno de estos dogmas es la creencia de que si no tienes un título universitario, estás condenado para siempre a un salario bajo o peor aún, condenado a no conseguir trabajo. Esto no solo es falso, sino que también es peligroso para cualquier persona que aspire a avanzar en el mundo comercial. Si tienes un trabajo, o si alguna vez has tenido un trabajo, sabes que no se trata de un diploma universitario. Se trata de los beneficios e ideas con valor comercial que aportas a la empresa, con o sin título. Todo lo que necesitas para aplicar las estrategias y conceptos en este libro es un deseo intenso de mejorar tu situación financiera para ti y tu familia. El entendimiento de que tus sueños y deseos solo pueden hacerse realidad con información, conocimiento, acción y consistencia.

Cuando hablo en público, a menudo pregunto: "¿Cuál es la diferencia entre una persona que gana $250 por semana, y una que gana un millón de dólares semanal?" La respuesta que escucho de inmediato es: la diferencia es que uno es pobre y el otro es rico. Les digo que ser rico o pobre no tiene nada que ver con dinero. La diferencia está simplemente en el valor de la información que maneja el uno y el otro.

La persona que gana un millón de dólares por semana sabe cosas que la persona que gana $250 no sabe. Sabe cosas que valen millones de dólares y por lo que la gente está dispuesta a pagar.

La primera Ilustración educativa fue sobre el conocimiento y la información; esta revolución abrió los ojos de las personas para que pudieran liberarse de la superstición y los límites de las creencias y acciones basadas en dogmas.

Esta (nuestra) segunda Ilustración Educativa trata (en parte) sobre la información que nos libera de los dogmas de la Revolución Industrial. Las empresas de hoy están atrapadas en los dogmas del pasado. Estas compañías limitan el desarrollo personal y financiero de sus empleados y, por lo tanto, limitan también el desarrollo de sus empresas. Cual empleado - no importa su posición - puede crear la empresa para la que trabaja un millón de veces, y cada vez mejor.

El sistema está estancado en el pasado; sin embargo, las necesidades de cada empleado hoy son muy diferentes. Las pensiones ya no existen. El privilegio de recibir un cheque después de nuestro retiro pasó al olvido. Hoy tenemos que crear nuestro propio retiro. Los cheques no llegarán en el futuro si no los creamos ahora. Los empleados de hoy quieren más que un salario para pagar sus facturas y ahorrar un poco. También quieren vivir una vida más plena, y una semana de vacaciones al año ya no es suficiente.

Si abres tu mente a las posibilidades de aumentar tu propio salario en tu trabajo, un mundo completamente nuevo se manifestará ante ti. Los seres humanos que vivían en cuevas no tenían este lujo. Vivían solo por instinto. Vivían con miedo a los elementos de la naturaleza, elementos que hoy hemos controlado porque hemos utilizado nuestras mentes para controlarlos.

Tú tienes más recursos de los que puedes usar a tu disposición exactamente donde estás, en tu empleo. Tu empleador no puede mantenerte con un salario fijo si agregas tu intelecto a la ecuación, a la situación laboral en la que te encuentras. Todo lo que necesitas hacer es cambiar la manera pasiva como miras tu trabajo y comenzar a mirar tu empleo como lo que es: una mina de oro. Pero esta mina de oro solo la explota tu empleador; créeme, que no tendrá problema en compartirla contigo si le muestras de lo que eres capaz.

Nos han condicionado para mirar el mundo de cierta manera. Los expertos nos condicionan. Los economistas hablan de carestía, falta o escasez. Pero puedes elegir mirar el mundo de la manera que quieras. Míralo de una manera que te dé el poder de aumentar tu propio salario en tu empleo y vivir la vida que deseas mientras estás en el planeta tierra. No esperes a que tu jefe te dé un aumento, estos aumentos ni siquiera cubren la inflación. Mira tu empleo de una manera que este pueda garantizar la seguridad financiera para ti y tus seres queridos.

Si deseas obtener promociones en tu empleo, entiende que convertirte en un empleo-empresario es la mejor promoción que puedes obtener. Esta promoción que tú mismo te darías no es solo para alimentar tu ego... es para aumentar tu cuenta de banco. Mira tu trabajo de manera que este pueda darte la flexibilidad de irte de vacaciones cuando lo desees. Míralo de una manera que este pueda liberarte de las limitaciones impuestas sobre tu tiempo y tu salario.

Si, entiendo, todo esto puede sonar como una fantasía. Pero al final de este libro, te darás cuenta de que puede ser tu nueva realidad. Ningún negocio en el planeta, independientemente de la industria, está aprovechando al máximo todos los recursos que tienen a su disposición. Estos recursos pueden ser personales, materias primas, equipos, productos y servicios, clientes, ingresos, conexiones, dinero, proyectos, empleados etc. etc. Estos recursos excedentes están disponibles para cualquier persona que desee convertirse en empleo-empresario y usarlos. Este libro te muestra cómo utilizar estos recursos y hacer que trabajen para ti.

Si decides aprovechar las nuevas oportunidades que puedes crear en tu trabajo, cualquier cantidad de dinero que ganes se clasificará en una de tres categorías: 1) ingresos asalariados, 2) ingresos de portafolio, o 3) ingresos pasivos.

1. **Ingresos asalariado:** es dinero generado por tu trabajo. Por ejemplo: traerle un cliente nuevo a tu compañía.

2. **Ingresos de portafolio:** es dinero generado por crear activos para tu compañía. Activos que también te pertenecen a ti como el creador.

3. Ingresos pasivos: es dinero generado con poco o ningún esfuerzo. Puedes ganar este dinero con los activos o los clientes que hayas traído a la compañía dependiendo el arreglo que hagas con tu jefe o empleador.

Si le traes un nuevo cliente a tu empleador, habrás creado una nueva fuente de ingresos para tu empresa, y deberías recibir ingresos pasivos de tu esfuerzo por las compras futuras de ese cliente. Pero existen varios pasos que debes dar primero como verás en otros capítulos.

La belleza de convertirte en un empleo-empresario es que también puedes agregar portafolios e ingresos pasivos a la forma en que ganaras dinero en tu empleo. Las personas ricas siempre tienen múltiples fuentes de ingresos.

Nuestro tiempo y energía son limitados. Necesitamos agregar nuevas fuentes de ingresos que nos generen dinero sin que tengamos que estar presentes en la generación del dinero. Además, ten en cuenta que, al usar los recursos de tu empleador, estás ganando dinero sin ninguna inversión de tu parte.

Puedes convertir a tu jefe en un aliado que trabajará en tus proyectos, siempre y cuando la compañía gane dinero. Puedes hacerlo. Yo lo hice, tú también puedes. Tu salario no tiene que ser limitado, libera tu salario. ¡Tu nueva vida está a solo unos capítulos más adelante!

¡Adelante! observa tu empleo, ¡y cámbialo! ¡Cambia la forma en que lo miras! Planck, quien ganó el Premio Nobel de Física en 1918, dijo: *"Cuando cambiamos la manera de ver las cosas, las cosas que vemos cambian"*.

CAPÍTULO 5
DE EMPLEADO A EMPLEO-
EMPRESARIO

«La pregunta no es quién va a darme permiso, sino quién va a detenerme».

— Ayn Rand

¿QUÉ SE NECESITA?

Lo primero que necesitas para convertirte en un empleo-empresario, es un trabajo. ¿Qué pasa si no tienes trabajo? Estos tres consejos te ayudarán a obtener uno en tu industria:

1. Identificar compañías ideales (o prospectivas).

2. No escribas un currículum vitae, ¡crea una propuesta!

3. Preséntate lo mejor que puedas y déjales tu propuesta.

Identificar compañías ideales (o prospectivas)

Identifica y encuentra información sobre las empresas que te interesan, esta tarea es fácil con el Internet. Cada industria tiene sus propias formas de hacer las cosas y muchas de ellas tienen sus propios eventos presenciales o en el Internet. El mejor lugar para encontrar información sobre empresas y poder ponerte en contacto con gerentes de Recursos Humanos es www.linkedin.com. Este sitio web es para profesionales que buscan crecer y expandir su círculo de influencia.

Una vez que decidas para cual compañía deseas trabajar, debes investigarla y descubrir qué la está afectando. ¿Cuáles son sus mayores desafíos, competencia, costos, etc.? Toma esta información y crea tu propia propuesta comercial o currículo vitae. ¿Ves la diferencia? No les vas a enviar tu currículo, vas a crear uno relacionado con los problemas que ellos quieren solucionar. Esta estrategia les muestra tu valor comercial y te coloca por encima de todos los candidatos a esa posición.

Muchas compañías exigen obligaciones más allá de las descripciones de trabajo de los empleados. Si comienzas un nuevo trabajo con ideas nuevas y sugerencias estratégicas, será más fácil convertirte en un empleo-empresario una vez que estés dentro. Así tendrás una idea sólida sobre cómo vender tus proyectos e ideas en el futuro.

No escribas un currículum vitae, ¡crea una propuesta!

Una propuesta es un plan de acción, y no solo tiene que ser palabras en papel. Una propuesta puede ser un video, una presentación de PowerPoint, un documento escrito, o cualquier otra forma de presentación sobre ti y tus ideas para el negocio. Asegúrate de hacer que la propuesta sea lo más dinámica y emocionante posible para que tu posible empleador la considere.

Presenta la información sobre ti (que normalmente aparecería en tu currículum) de una manera diferente. Crea impacto. No hables solo de lo que hiciste en el pasado: habla de las cosas que anhelas hacer en el futuro y específicamente de las cosas que deseas hacer para este empleador. Déjales saber que los has investigado y tienes unas cuantas ideas sobre cómo ellos pueden solucionar el problema X que tienen y como tu experiencia puede ayudarlos a avanzar. Usa imágenes siempre que sea posible para ilustrar la información. Las personas están abrumadas con demasiada información escrita y se están acostumbrando a la representación gráfica (imágenes) de la palabra escrita.

Los empleados de recursos humanos ya no quieren leer largos bloques de texto: usa imágenes, gráficos, videos, o cualquier cosa que te permita comunicar tu valor de manera rápida y persuasiva. Si presentas tu propuesta personal y comercial de esta manera, permanecerá en las mentes de tus posibles empleadores por más tiempo que tu competencia e incluso si no te dan esa posición, podrías ser contactado en el futuro.

Muchas compañías están luchando por sobrevivir y hay muchas personas que están buscando empleo. Las empresas quieren encontrar los mejores candidatos. Debes destacarte y presentarte de una manera que destaques los beneficios que podrás proporcionar o problemas que te gustaría atacar. Lo más importante es diferenciarte de todos los demás solicitantes de empleo y mostrar a tu posible empleador que no eres uno más del montón.

Si no sabes nada sobre grabar videos o crear presentaciones de PowerPoint, ¡aprende! Cada vez que veas a una persona que sabe cómo hacer algo bien, recuerda: ¡ella no sabía cómo hacerlo! Ella tuvo que aprender a hacerlo, ¡y tú también puedes hacerlo! Tienes la capacidad de aprender cualquier cosa, siempre y cuando te lo propongas.

Preséntate profesionalmente y déjales tu propuesta

Primero, usa traje y corbata. Independientemente de tu industria, una buena presentación personal nunca pasa de moda. Vístete profesionalmente. Si identificaste las compañías, las investigaste y creaste tu propuesta, entonces todo lo que necesitas hacer es presentarte y dejarles saber cuáles son tus objetivos. Asegúrate de hacer suficientes copias si usaras el Currículum Vitae (o resume) tradicional y si haces un video mucho mejor. No le des el material solo al gerente de Recursos Humanos: es posible que no vea el valor. Dáselo también al Gerente de Ventas, al Gerente General, al Asistente del Gerente General y a todos los relacionados con tu experiencia dentro de la empresa.

Recuerda, el departamento de Recursos Humanos solo hace lo que se le dice que haga: el equipo de Administración Ejecutiva controla la contratación. Si puedes presentar soluciones (no les des todas tus ideas) a los problemas más difíciles de la empresa, a menudo problemas que el equipo de Recursos Humanos no conoce. Facilítales el proceso e influéncialos para que te escojan a ti. No limites tus posibilidades yendo solo al departamento de Recursos Humanos, a veces no saben lo que deberían estar buscando.

Si no puedes reunirte en persona con estos gerentes, envía tus propuestas por correo, email o entrega especial de emergencia. Si puedes, envía el DVD, CD o documento escrito a través de FedEx, UPS o correo certificado desde la oficina de correos, de esta manera puedes estar seguro de que alguien realmente lo está recibiendo. Siempre que sea posible, lleva tu propuesta en persona a las oficinas de las compañías que has seleccionado. Pero no limites tu búsqueda a tu ciudad: en el mundo conectado de hoy, puedes trabajar desde cualquier lugar.

HACIENDO QUE LAS COSAS SUCEDAN

Si ya tienes un trabajo, comprende que para realizar el cambio mental de empleado a empleo-empresario (recuerda: este cambio no es físico, es mental), lo primero que debes comprender es que ya posees todo lo que necesitas: un empleo y deseos de superación. Sé que deseas superarte porque estás leyendo este libro.

Para convertirte en un empleo-empresario necesitas tres cosas esenciales: **(1) conocimiento, 2) aptitud y (3) ejecución.** Hoy tienes un empleo porque sabes algo y porque puedes hacer algo específico con lo que sabes. Tienes conocimiento y lo puedes aplicar. Tú eres valioso para tu jefe por tu conocimiento y lo que haces está generando ingresos para su empresa.

Si trabajas solo como empleado tradicional, estás haciendo lo mismo que podrías estar haciendo como empleo-empresario, pero estás recibiendo una cantidad fija de dinero de tu empleador y él recibe la mayoría de los beneficios financieros que tu produces.

Todo lo que necesitas para convertirte en un verdadero empleo-empresario, es que cambies tu forma de pensar acerca de tu trabajo: es un cambio mental. Comprender que tienes permiso para hacer más de lo que haces en tu trabajo. Nadie te impide dar más. Un paso súper importante para cambiar tu situación financiera, es mirar tu trabajo como una entidad que siempre está cambiando y creciendo.

Deja de mirar tu trabajo como algo limitado o algo que odias. Míralo desde el punto de vista de alguien que siempre puede descubrir nuevas formas de hacerlo más desafiante, más significativo y más remunerable para tu jefe y para ti.

Por ejemplo, si lo que haces ayuda a las personas de alguna manera, entonces comienza a mirar a las personas que se benefician de lo que haces. No importa si ofreces un producto o servicio: siempre encontrarás nuevas oportunidades si enfocas tu atención en los usuarios y los procesos utilizados para entregar los productos o servicios.

Los clientes de tu empleador son los receptores de lo que haces en tu trabajo. Al enfocarte en ellos, la forma en que interactúan contigo y cómo usan tus productos o servicios, puedes hacer un cambio mental que te pondrá en el camino para convertirte en un empleo-empresario.

Este cambio mental es de gran importancia porque necesitas comenzar a ver tu trabajo bajo una nueva luz. Esta es la única manera en que puedes comenzar a descubrir que puedes aportar mucho más valor y beneficios al negocio de tu empleador y así lograr que te paguen más dinero por ello.

Para comenzar el proceso de convertirte en un empleo-empresario, solo necesitas hacer estas tres cosas:

1. Estudia a tus clientes, sus quejas, transacciones y cómo reciben los productos y servicios de la empresa en la que trabajas.

2. Dile a tu jefe que quieres crecer dentro de la compañía, no digas más "solo eso por ahora".

3. Establece un "laboratorio mental" en tu actual empleo.

Estudia a tus clientes, sus quejas, transacciones y cómo reciben los productos y servicios de la empresa en la que trabajas

Si has estado en tu trabajo actual durante al menos seis meses o un año (o incluso un par de meses), debes tener una sólida comprensión de lo que hace tu empresa. Debes tener un conocimiento sólido de lo que vendes, quiénes son tus clientes, sus quejas, los procesos comerciales utilizados para entregarles los productos y servicios y los beneficios que les ofrece tu compañía.

Este debería ser tu punto de partida. Piensa detenidamente en estas áreas de tu empresa, aunque no estén relacionados directamente con tu trabajo. Este ejercicio te abrirá puertas que nunca imaginaste, porque te dará una perspectiva totalmente diferente a la que tienen todos tus compañeros de trabajo. Cuando haces esto, tu trabajo toma una nueva apariencia, es como si los clientes de tu empleador fueran tus propios clientes. Esto no es difícil de hacer, ya que todo lo que necesitas está al alcance de tus manos. Lo que puede resultar difícil es cambiar los hábitos de empleado que hemos desarrollado durante tanto tiempo. Pero recuerda que la práctica hace al maestro. Además, tendrás acceso a seminarios virtuales donde podrás hacer preguntas y recibir apoyo.

Muchas empresas utilizan procesos que están desactualizados o que simplemente podrían ser mejores. Si comienzas a observar estas áreas y procesos en tu compañía con ojos de empleo-empresario, descubrirás fallas en la forma en que se brinda el servicio y cómo la empresa aborda los mayores desafíos de los clientes. Una vez que comiences a mirar de cerca, se te ocurrirán ideas, conceptos y las oportunidades empezarán a parecer aparentemente de la nada.

Presta atención a lo que vendas. Habla con los clientes y escucha lo que los hace sentir descontentos o frustrados. No mires a estos clientes como si fueran problemas que quieres evitar, míralos como generadores de ideas y oportunidades. ¡Míralos como tus nuevos socios! Socios que te traen nuevas oportunidades para que ganes más dinero. Todo lo que necesitas hacer, es encontrar soluciones a sus problemas.

Observa cómo trabajan las diferentes áreas de tu empresa para poner un cliente frente a ti, frente a un vendedor o proveedor. Debes analizar toda la estructura de la empresa: el departamento de marketing, el de ventas, la cocina, el personal de seguridad, el departamento de tecnología, recursos humanos, finanzas... en fin, toda la empresa.

Las personas que trabajan en estos departamentos son tus compañeros de trabajo: habla con ellos.

Hazles preguntas sobre sus desafíos, problemas en sus departamentos, etc. No permitas que los títulos te intimiden, un título no es más que un escalón en la jerarquía del sistema laboral. ¡Recuerda que como empleo-empresario, tu no formas parte de esa jerarquía!, ¡tú estás por encima de esa jerarquía!

Descubre todo lo que puedas sobre lo que hacen y dónde están sus puntos débiles. Ve más allá de la descripción de tu trabajo. Tienes que cavar profundo para encontrar oro. Esta información es oro.

Dile a tu jefe que quieres crecer

Organiza una reunión y asegúrate de prepararte para ella. Muchos empleados desean hablar con sus superiores quieren crecer personalmente, mejorar sus tareas laborales desempeño y ganar más dinero; esto es algo con lo que muchos dueños de negocios y gerentes están familiarizados.

Sin embargo, en esta reunión, tú vas a cambiar las reglas del juego. Puede que no entiendan lo que propones al principio porque no es algo común. **Tu principal desafío será aclarar que deseas expandir tu papel sin afectar tus obligaciones actuales**. Solo tienes que decirle a tu jefe que quieres ganar más dinero y estas explorando algunas posibilidades dentro de la compañía. Pon atención a su reacción.

Dile a tu jefe que tus exploraciones para aumentar tu propio salario no afectarán tus tareas laborales en lo más mínimo. Promete que durante tus horas de trabajo no participarás en ninguna actividad relacionada con traer nuevos clientes o reducir costos para la empresa. Todas tus actividades adicionales se realizarán antes o después de tus horas de trabajo. Tu empleador te paga por el tiempo que estás en el trabajo; querrá que realices tus tareas laborales durante ese tiempo.

No divulgues ninguna de tus ideas en la primera reunión. Esta reunión es solo para descubrir si tu jefe está de acuerdo con tu plan de convertirte en empleo-empresario. Recuerda que necesitas su aprobación para poder aumentar tu propio salario. No es que tu jefe te dará un aumento, para nada, pero se trata crear una buena relación con él en tu nuevo papel de empleo-empresario. Después de todo, es quien evaluará cualquier idea que presentes. Si tu jefe es también dueño del negocio entonces mucho mejor todavía porque estarías hablando directamente con la persona que puede aprobar tus proyectos. Al final de la reunión, puedes esperar una de dos reacciones:

1 - "Lo siento, no puedes hacer eso"

2 - "Seguro que sí, ¿cómo podemos comenzar?"

Tienes que estar preparado para recibir cualquiera de las dos respuestas. Vamos a expandir un poco las dos posibles reacciones.

1- *"Lo siento, no puedes hacer eso"*

Esta reacción es típica y no deberías sorprenderte si sucede. Tienes que tener mucho cuidado de cómo procedes si te dan esta respuesta. Si intentas debatir o contradecir a tu superior, te verán como un problema y tus ideas nunca serán aceptadas. Si mencionas que llevarás tus ideas a la competencia, también puede parecer que estás tratando de amenazar a este jerarca.

"Lo siento, no puedes hacer eso" no debería ser una razón para que te rindas. Existen dos maneras de conseguir lo que deseas: *1) Pidiéndolo, 2) Tomándolo.*

Cuando le preguntaste a tu jefe que si era posible aumentar tu propio salario estabas pidiendo. Para tomarlo, solo tienes que comenzar a actuar como un empleo-empresario. Recuerda, este cambio de empleado a empleo-empresario sucede en tu mente, en privado, nadie lo puede ver.

Para tomar lo que deseas en tu trabajo, (en este caso ser un empleo-empresario) regale algo a tu jefe relacionado con aumentar las ganancias de la compañía. Este no es un regalo personal, es algo que beneficie la compañía directamente. Puede ser un reporte para solucionar un problema, una nueva oportunidad que la compañía no ha considerado, etc.

Si este esfuerzo no es bien recibido, está en tus manos buscar otro tipo de trabajo donde tengas más oportunidades de crecer y ganar más o quedarte donde estás. Mantén tu trabajo actual, pero toma un directorio y comienza a buscar otras compañías en tu industria que le den mayor valor a tu experiencia e ideas innovadoras y mantente abierto a la posibilidad de usar los recursos de tu jefe en tu trabajo para aumentar tu propio salario.

La triste verdad es que muchos dueños de negocios están contentos con el estado actual de sus negocios y no quieren mejorar.

Tu superior puede estar preocupado por su propio trabajo. Tantea el terreno. Averigua que compañía está buscando alguien como tú y si ellos podrían usar tu ayuda para encontrar nuevos clientes o hacer que los clientes actuales estén más satisfechos y compren más.

2- "Claro, ¿cómo podemos empezar?"

Este es el otro posible escenario y también debes estar preparado para ello. Tienes que presentarlo de manera fácil de entender para que tu jefe acepte tu propuesta. La primera declaración que saldrá de tu boca debería ser: "solo me pagarán extra si obtengo resultados para el negocio". A tu empleador le encantará esta declaración porque le estas quitando todo el riesgo al proyecto. Ahora saben que trabajarás inteligentemente para generar nuevos ingresos para la empresa y que recibirás remuneración solo si produces resultados.

Con este importante paso fuera dado, puedes proceder a explicar cómo protegerás la marca, la reputación y los clientes de la compañía y solo emprenderás iniciativas que ayudarán a tu empleador. También le darás detalles de todas las iniciativas que emprendas.

Establece un "laboratorio mental" en tu empleo

Los empleadores contratan personas por dos razones: sus habilidades actuales y su capacidad para aprender. Tus habilidades actuales son las que te permiten obtener el trabajo, pero tu potencial para aprender y adaptarte es lo que te permite mantener el trabajo. Cada vez que tu jefe te envíe a una conferencia, un curso de capacitación o te involucra en una sesión para desarrollar nuevas ideas, está utilizando tu potencial para aprender nuevas habilidades para aumentar las ganancias de la empresa... está usando tu laboratorio mental.

Un laboratorio, como ya sabrás, es un sitio de prueba y descubrimiento. Haz de tu trabajo tu nuevo sitio de prueba. Pero este es tu laboratorio secreto y privado. Aquí podrás formar ideas, conectarlas, resolver problemas y desarrollar nuevos conceptos. Considera todo lo que suceda en tu laboratorio mental como parte de un experimento... tu experimento para aumentar tu propio salario. Las quejas de los clientes deben ser bienvenidas, los errores deben ser analizados y nada debe pasarse por alto o descartarse.

Asegúrate de llevar un bolígrafo o lápiz y un cuaderno de bolsillo durante todo el día para registrar nuevas ideas. Cuando te llegue una idea nueva a la mente, no confíes en que la recordarás... escríbela de inmediato. Puedes también usar tu teléfono celular para escribir notas que puedes enviarte por correo electrónico al final de cada día. Otra opción es crear notas de voz con tu celular, usando una aplicación en Android (Galaxy) o IOS (iPhone).

CONCEPTOS ADICIONALES PARA TENER EN MENTE

Hay algunas otras cosas importantes a tener en cuenta al hacer el cambio de empleado a empresario.

Los Objetivos y Metas de tu Empresa

Si conoces los objetivos y metas de tu empresa, estarás en una mejor posición para participar en la visión del futuro que tiene tu empresa y así podrás ayudarla a alcanzar esas metas.

Por ejemplo, si sabes que tu empresa se está acercando a un objetivo financiero, puedes usar esa información para moldear tus proyectos y alinearlos con los objetivos de tu empresa. Las empresas adoran los objetivos escalonados. Los inversionistas exigen que se alcancen las metas establecidas a como dé lugar, incluso si la empresa tiene que despedir trabajadores, vender productos defectuosos o vender con grandes descuentos.

Si sabes lo que está pasando con tu empresa, entonces podrás operar desde una perspectiva más acertada; puedes usar esta información para tu beneficio. La información, como siempre, es la clave. Conéctate con dirigentes en tu empresa que pueden poner este tipo de información en tus manos. Muchas compañías publican este tipo de información, si compañía no lo hace, ¡conéctate!

Busca la cooperación de personas que te puedan ayudar a preparar proyectos para tu empleador, pero no permitas que tomen el control. Agrégalos como parte de tu equipo, pero no los incorpores a los acuerdos que hagas con tu empleador. Recuerda, no debes hacer nada que enoje a tu empleador o tus sueños de aumentar tu propio salario podrían arruinarse.

El conocimiento y la perspectiva de otras personas en tu empresa (y fuera de tu empresa), pueden ser invaluables. Lee revistas, periódicos, noticias y otros sobre tu industria. Si crees que tienes todas las respuestas, te estás limitando.

Servicio al cliente: una nueva perspectiva

Cada cliente que traigas al negocio de tu empleador puede convertirse en tu cliente de por vida; trata a tus clientes como reyes y/o reinas.

Recuerda siempre que, si haces un buen trabajo atendiendo sus necesidades, ellos pueden brindarte, no solo beneficios financieros a ti y a tu empleador, sino que también abrirte nuevas oportunidades e incluso mercados en otras regiones. Cuando te conviertes en empleo-empresario, todos los recursos de tu empleador están a tu disposición. Puedes asignar los mejores agentes para que atiendan a tus clientes, por ejemplo. En este caso tus colegas de trabajo trabajarían para ti. Pon en claro que tus clientes son VIP y deben ser tratados con la mayor atención.

La reputación y el estatus de tu jefe

Recuerda que la reputación de tu empleador está en juego cuando él te permite aumentar tu propio salario dentro de la empresa. Respeta a tu jefe y recuerda siempre que es quien te dio la oportunidad de convertirte en un empleo-empresario. ¡Recuerda esto especialmente cuando comiences a ganar más dinero que ella o él!

Nunca lo hagas quedar mal. Cumple tus promesas y compórtate con humildad y con entendimiento hacía tus compañeros de trabajo. Continúa siendo un empleado, no presumas de nada. Mientras más alto subas, compórtate con más humildad. Algunos compañeros de trabajo pueden sentir celos, ayúdalos, entiéndelos.

Sácate de la ecuación

Olvídate de ti mismo. Busca ayudar a todos a tu alrededor. Trata de encontrar formas de ayudar a todos los que entren en contacto contigo. Lo creas o no, esto te ayudará a ganar aún más dinero.

Tus habilidades para resolver problemas se desarrollarán hasta tal punto que resolver problemas para tu empresa y para las personas en general se convertirá en algo natural para ti.

Nuevo horario: tres días a la semana, ¿o dos? Una vez que tus esfuerzos comiencen a dar frutos, podrás modificar tu horario de trabajo para adaptarlo a tu estilo de vida. Recuerda ser humilde y obedecer las reglas y políticas de tu empresa.

CREANDO VALORES COMERCIALES (BENEFICIOS)

¿Qué es Valor? Déjame darte un ejemplo. Estoy enseñando negocios a mis dos hijos pequeños y a menudo les hablo sobre el valor. Siempre les cuento una historia para ilustrar lo que quiero decir con valor. Imagina a dos vendedores de manzanas, el vendedor A y el vendedor B, vendiendo manzanas juntos en un mercado.

Los dos vendedores ponen sus manzanas en sus mesas, muestran sus precios (un dólar por manzana) y se sientan a esperar a los clientes. Los dos tienen días buenos y días malos. El negocio gana lo suficiente para que ambos puedan sobrevivir y cubrir sus necesidades básicas.

Sin embargo, un día, el vendedor B comienza a preguntarse cómo puede ganar más dinero del que está ganando ahora. Su esposa está embarazada y su familia necesitará una casa más grande después del nacimiento del bebé. Aunque el vendedor B está ganando dinero, apenas alcanza para cubrir todos sus gastos, tanto comerciales como personales. No puede aumentar su inventario, porque no hay suficientes ganancias y no puede aumentar el precio de sus manzanas debido a la competencia.

El vendedor B decide encontrar una solución en el mismo producto: las manzanas. Así que comienza a aprender sobre la importancia en la presentación de los productos y cómo la misma afecta el valor percibido de los clientes. Aprende acerca de la gratificación instantánea y cómo los clientes perciben que los alimentos ya preparados son más atractivos. Aprende a dar a los clientes más opciones para conseguir más ventas.

Armado con todo este nuevo conocimiento, empieza a poner en práctica su plan. Al día siguiente, con la transformación completa, se va al mercado a vender. Su mesa es la misma y él es la misma persona, pero su estrategia ha cambiado por completo. Ahora está mostrando cuatro opciones en lugar de una:

Producto # 1: Manzanas en rodajas y peladas, bien organizadas en pequeños platos de plástico que compró al por mayor por dos centavos cada uno. Pone rodajas de limón al lado de los platos, para hacerlos más bonitos y agregar valor instantáneo. Los limones son opcionales para los clientes, o sea que estos pueden decidir si los quieren o no. El precio de este producto es de dos dólares. Un dólar por la manzana y un dólar por el plato, el corte y la presentación, y ese segundo dólar es casi, exclusivamente, una ganancia.

Producto # 2: Una combinación de dos manzanas, una cortada y pelada, y la otra entera, junto con un cuchillo de plástico que compró a granel por solo un centavo cada uno. El cuchillo de plástico le da al cliente la opción de pelar la manzana más tarde si desea. Por este valor agregado, la manzana en rodajas, más la manzana entera, plato y un cuchillo, cobra $ 2.75.

Producto # 3: La manzana entera original, pero también incluye un cuchillo y una rodaja de limón. Por este producto, cobra $ 1.50, solo centavos gastados, lo que se traduce en cincuenta centavos de ingresos adicionales.

Producto # 4: El producto original (solo una manzana) sin ningún valor agregado. Pero con tantas opciones más que su competencia, decide aumentar su precio y cobrar $ 1.20 por la misma manzana. ¿Por qué? Ahora se está posicionando como un negocio más elegante y enfocado en el cliente.

¿Qué pasó aquí? El vendedor B no salió a comprar equipo costoso o un pelador especial de manzanas. Pelaba las manzanas con un cuchillo. Compró platos, cuchillos y limones. La innovación (la hermana gemela del mercadeo) es gratuita. La imaginación y el ingenio humanos son algo natural que todos poseemos. La clave es darse permiso para actuar y realizar cambios audaces en nuestra vida comercial y personal.

¿Por qué el vendedor A se quedó con su antiguo modelo de negocio? Porque estaba seguro y confiado con lo que ganaba. Él sabía el resultado. Pero, sobre todo, fue su mentalidad personal lo que lo hizo quedarse con el mismo modelo y nunca innovar. Estaba acostumbrado a los resultados que estaba obteniendo y estaba contento con quedarse donde estaba. Pero, cuando los clientes vieron las nuevas ofertas del vendedor B, el vendedor A se dio cuenta que en los negocios o se innova o se fracasa.

Cualquier negocio, en cualquier industria, siempre debe trabajar para aumentar el valor o beneficios para sus clientes. Como empleo-empresario la innovación es tu mejor aliado. El aumento del valor es la razón por la cual las personas comienzan negocios o se convierten en Empleo-empresarios en primer lugar. Quieren aumentar los valores en sus propias vidas y en las vidas de los demás. Como empleo-empresario, tu podrás manejar tu negocio dentro del negocio de tu empleador. Si quieres tener más control sobre tu tiempo y ganar más dinero en tu empleo, estás leyendo el libro correcto. Lo más probable es que hayas comenzado a trabajar en tu empleo para tener más control sobre tus finanzas y ganar más dinero. Pero, en este momento, es probable que estés haciendo tareas repetitivas que te generan un salario repetitivo, la misma cantidad cada semana. Por favor, comprende que tu capacidad para crear valor comercial es la llave que te abrirá todas las puertas en esta nueva aventura como empleo-empresario.

El valor que puedes producir en tu mente es lo que intercambiarás por dinero con tu empleador. Tú tienes la capacidad de crear valores ilimitados dentro de ti y a tu alrededor. Ralph Waldo Emerson dijo: "Lo que hay detrás de ti y lo que hay delante de ti es nada en comparación con lo que hay dentro de ti". La creación de valor es lo único que te permitirá aumentar tu propio salario. Aumento de valor para tu jefe, tus colegas de trabajo, extraños, amigos, familiares y para ti mismo. Tu jefe o empleador quiere ver el dinero que ingresa y tus clientes quieren ver el valor que ofreces para comprar más. Tú tienes que crear ese valor. Puedes hacerlo. Eres un creador. Crea lo que otras personas necesitan o quieren, y tendrás todo lo que desees para ti y tu familia.

El valor es la única razón por la que los clientes regresan al negocio de tu empleador. Quieren recibir más beneficios y soluciones (valores) para resolver sus problemas. Quieren mejorar sus vidas. Si tu empleador deja de mejorar la vida de los clientes, él o ella de seguro se irá a la bancarrota. Crear valor consiste en nunca conformarse con lo que ya existe. Siempre habrá algo que mejorar en (más clientes, más ahorros, más velocidad en servicios, etc.) el negocio de tu empleador y puedes ganar más dinero mientras lo haces.

Una historia más sobre mi hijo menor. Siempre veo el programa de televisión *"Shark Tank"* con mis dos hijos cada semana. En cada episodio de "Shark Tank", los emprendedores buscan dinero para sus negocios o empresas nuevas. El programa está lleno de ideas valiosas, y me gusta discutir cada episodio con mis hijos mientras vemos el show. Mi objetivo es enseñarles lecciones sobre lo que significa ser emprendedor. Después de ver el programa una noche, les mostré un viejo comercial sobre drogas, en el que un hombre finge que el cerebro de alguien es un huevo y las drogas son el aceite caliente en una sartén. El hombre rompe el huevo y lo pone a freír en el sartén, diciendo: "este es su cerebro en las drogas".

Esa misma noche, también hablamos sobre los peligros de fumar cigarrillos. Me conecté al Internet y les mostré fotos de dos pulmones: uno sano, de alguien que no fuma, y el otro enfermo de un fumador, ennegrecido y contagiado. Terminamos la discusión y luego les dije que se cepillaran los dientes y se prepararan para ir a la cama. Unos minutos más tarde, fui a su habitación para asegurarme de que estuvieran listos para irse a dormir. Vi a mi hijo menor salir del baño con lágrimas en los ojos y sollozando. Le pregunté qué pasó y me dijo: "no quiero que mueras, te quiero mucho", con lágrimas corriendo por sus mejillas.

De alguna manera, las lecciones que le estaba enseñando a mi hijo lo hicieron apreciar el valor que puedo aportar a su vida como guía, al enseñarle lecciones valiosas para su futuro. El valor y el amor que vio en lo que estaba haciendo por él lo hicieron llorar, por temor a que algún día me perdiera.

Quiero dejarte con dos ejemplos de empleados cuyas mentes fueron más allá de sus empleos y crearon beneficios para sus empleadores que los hicieron millonarios.

Ejemplo #1

A principios de 1900, un trabajador de la fábrica de Swan Vesta, la compañía de fósforos, fue a la administración y les dijo que tenía una idea que podría ahorrar al negocio millones de libras en costos de producción.

Fue ignorado, ya que la gerencia no creía que un trabajador de fábrica pudiera tener ideas de tal valor. Sin embargo, después de meses de presión y persuasión, el trabajador logró una audiencia con la administración escéptica dispuesta a reírse de su idea del "millón de dólares".

¿La idea? Poner la lija de fósforos en un solo lado de la caja en lugar de ambos lados. Revolucionario.

Swan puso la idea en práctica y esta funcionó, y el negocio ahorró millones. Como dijimos, a veces las mejores ideas son sorprendentemente simples. El empleado recibió beneficios de por vida porque recibir compensación fue parte del acuerdo para revelar su idea. El empleado comenzó a ganar más que su jefe.

Ejemplo #2

La PlayStation de Sony se ha convertido en un fenómeno global, pero fue un proyecto que enfrentó mucha resistencia al principio.

A finales de los años '80, Ken Kutaragi - un autoproclamado "juguetón" - creó un chip para que la Nintendo de su hija fuera más potente y proporcionara una mejor experiencia de juego.

Acudió a sus jefes con la idea de crear una nueva consola para Sony, pero se topó con un muro en la administración. Sony no hacia juegos y muchos creían que la industria era una moda pasajera.

Al negarse a rendirse, Kutaragi se dirigió al director general de Sony, Norio Ohga. Cada vez más consciente del valor de la industria de los juegos, Ohga inició una empresa conjunta con Nintendo. Los desacuerdos sobre las licencias hicieron que la asociación se desvaneciera, pero Sony siguió desarrollando su propia consola: la PlayStation.

> *"Quería demostrar que incluso los empleados regulares de la empresa podían construir algo grande". Ken Kutaragi -*

La PlayStation se lanzó en 1994 y ha vendido más de 500 millones de unidades desde entonces. Kutaragi llegó a ser presidente y Gerente General de Sony, y ya nadie en Sony cuestiona la credibilidad de la industria de los juegos. Como puedes ver Kutaragi también fue bien recompensado por su idea.

¿Puedes tener este impacto en la vida de un cliente? ¿Puedes hacer que llore por temor a perderte como proveedor de un producto o servicio? Probablemente no, pero puedes esforzarte por acercarte. ¿Cómo puedes hacerte cada vez más importante para los clientes de tu empleador? ¿Cómo puedes mostrarles cuánto los aprecias y darles razones para que aprecien lo que haces?

La respuesta es simple: aportar más valor a sus vidas. Esto, a veces, puede ser más fácil de lo que piensas. Concéntrate en dar. No me refiero a regalar tus ideas sin recibir nada a cambio. Quiero decir que debes centrar tu atención en hacer que el negocio de tu empleador sea más próspero y rentable, agregando grandes valores en todas las áreas posibles. Si enfocas tu atención de esta manera, verás nuevas oportunidades en todas las áreas y por todas partes.

Elimina el pensamiento de competencia de tu mente y simplemente enfócate en crear valores para los demás. Puedes agregar valor a todo lo que tocas, a cada persona que conoces y a cada situación en la que te encuentres.

Hace unos años fui a una charla de Howard Schultz, el CEO de Starbucks, cuando lanzó su libro "Onward" en el Florence Gould Hall en la ciudad de Nueva York.

Conocí a una mujer que era propietaria de un negocio de videos en línea que enseñaba a las personas a
presentarse bien en la televisión. Comencé a ofrecerle
ideas sobre cómo podía expandir su negocio en todo
el mundo, ideas en las que ella nunca había pensado,
porque no tenía la perspectiva externa que yo tenía.
Ella se emocionó mucho y dijo: *"¡Wow! ¡no vine a ver
a Howard, vine a verte a ti!"*. Los sentimientos que
creas con interacciones como esta valen mucho más
que el dinero. Da, da, da y todo volverá a ti, multiplicado muchas veces. Paul lo dijo: **Es mejor dar que
recibir.**

CAPÍTULO 6
MI TESTIMONIO: CÓMO AUMENTÉ MI PROPIO SALARIO EN MI EX-EMPLEO

«Si un ser humano puede volar, tú también puedes volar».

—*Carlos Sano*

En lugar de escribir este informe, desearía poder salir a la calle, acercarme y alertarte sobre los riesgos y las recompensas que el mercado laboral (empleos) tiene para ti. Sin embargo, sé que pensarías que estoy loco y descartarías cualquier advertencia de mi parte.

Tener un trabajo hoy, representa una bendición y un riesgo para ti y tu familia. Si has estado observando las tendencias actuales en el mercado laboral, sabes que los trabajos enfrentan la mayor amenaza en la historia de la humanidad. No es solo tu compañero de trabajo quien desea tu puesto o la próxima promoción. Hoy las amenazas no son tan fáciles de combatir. Ahora, es Inteligencia Artificial, Robótica, Algoritmos, subcontratación (nacional e internacional), ventas y adquisiciones de compañías, despidos, enfermedad, empleados más baratos, programas de computadora, globalización, un innovador en tu industria, etc.

La lista es interminable. Y como si esto fuera poco, la gran mayoría de compañías no están aumentando los salarios de sus empleados. Y cuando lo hacen, generalmente es para ponerse al día con la inflación. Parece que no hay nada que se pueda hacer para detener el ataque de la tecnología en el mercado laboral.

Todos sabemos cómo actuar cuando el ataque proviene de un compañero de trabajo, pero ¿cómo puedes proteger tu empleo de un algoritmo o una aplicación tecnológica? "La mejor defensa es una buena ofensiva", dicen en los deportes... y es cierto.

Es realmente sorprendente cómo, incluso en las situaciones más desesperadas, podemos salir victoriosos. Puedo decirte que tu mejor defensa no es trabajar más para complacer a tu jefe, llegar a tiempo al trabajo, delatar compañeros de tarea o incluso adular a tu empleador para estar en gracia con él. Esto solo puede arruinar tus planes y no te llevará muy lejos.

Nadie puede salvar tu trabajo de este tipo de amenazas, ni tu jefe, ni siquiera el dueño de la compañía, porque nadie está a salvo. Sin embargo, hay muchas opciones. Puedes obtener un nuevo trabajo, abrir un negocio, o no hacer nada... lo que también es siempre una elección. Sea cual sea tu decisión, es importante que comprendas cuál es tu posición en el sistema laboral.

¿Cuál es tu posición? Es la de desempeñar una función, un trabajo específico. Un empleo es un conjunto limitado de tareas que realizas todos los días. Ese conjunto limitado de tareas determina tu salario y tu jerarquía en la compañía para la que trabajas. Para sobrevivir (e incluso prosperar) en este ataque contra los empleos, debes convertirte en un empleo-empresario. Los empleo-empresarios son dueños de sus empleos y agregan valores que los empleados regulares no pueden añadir.

Los empleo-empresarios no solo aumentan sus propios salarios, sino que también ayudan a otros a hacer lo mismo. Ellos saben que ya no pueden esperar que sus jefes les acrecienten su remuneración cuando les dé la gana. Por esta razón, ellos toman control y lo hacen por sí mismos. Tu trabajo tiene muchas riquezas si abres los ojos y comienzas a buscar, resolver problemas, crecer, dar, preguntar y sobre todo ayudar.

En este testimonio te doy una reseña de cómo yo aumenté mi propio salario en mi ex-empleo.

¿CÓMO LO HICE?

Obtuve mi trabajo en diciembre de 2016 y, a mediados de marzo de 2017, ya había convencido a mi jefe de que me pagara $25,000 para ayudar al negocio a atraer y conseguir más clientes. Esto no fue suerte o casualidad... fue el resultado de aplicar las 4 habilidades que todos poseemos y usamos todos los días y que encontrarás en las siguientes páginas.

Te guiaré a través de las 4 habilidades o estrategias para que puedas entender y utilizar el concepto principal para que te conviertas en un empleo-empresario y así puedas aumentar tu propio salario.

Primer día de trabajo:

El primer día de trabajo, se me asignó un escritorio y comencé a trabajar prospectando para conseguir nuevos clientes. Empecé a adoptar la actitud de ayudar a todos mis colegas de trabajo y aprovechaba cada oportunidad para ayudar. Me estaba posicionando como alguien que tomó la iniciativa de ayudar sin pedir nada cambio, lo cual es el primer paso que debes tomar para convertirte en un empleo-empresario o un líder servidor.

Yo escribí el libro *"Job, Inc."* en el 2013, pero no estaba usando las estrategias del libro hasta entonces. Lo extraño es que mi comportamiento no era fingido o desleal, era sincero y sin ningún tipo de agenda o intención secundaria. Trato de no leer mis libros porque siempre quiero cambiar frases y términos y me causa ansiedad. Si lo leo, ¡inmediatamente comienzo a editarlo de nuevo! El contenido del libro no estaba fresco en mi mente. Sin embargo, me estaba comportando como un empleo-empresario en mi trabajo.

Cuando comencé a trabajar, comencé a notar muchas oportunidades de ganar dinero como empleo-empresario, pero era demasiado nuevo para presentarme como un empleo-empresario y este es un concepto con el que no muchos dueños de negocios están familiarizados.

Pero yo escribí el libro sobre el empleo-empresariado, así que después de unas semanas, en lugar de hablar sobre mis intenciones, decidí regalarle el libro a mi jefe a ver qué pasaba. Mi jefe leyó el libro e inclusive le gustó mucho.

Así es como me presenté ante mi jefe como empleo-empresario, sin causar ninguna interrupción en mis obligaciones como empleado. Te sugiero hacer lo mismo. Preséntate como empleo-empresario, pero hazlo de manera sutil, no asustes a tu jefe. Recuerda que ellos no están familiarizados con este concepto. Además, existen grandes egos en el mundo corporativo. No los asustes.

Puede ser tan simple como decirle a tu jefe/empleador: *"Jefe, estoy leyendo un artículo sobre cómo convertirme en un empleo-empresario para ayudar la compañía a ganar más dinero"*; no digas nada más. Espera la respuesta. Puede que tengas que explicar: ¿qué es un empleo-empresario? Dile: *"un empleo-empresario es un empleado que ha decidido ayudar a su jefe a hacer crecer la compañía con más, haciendo cosas más allá de sus obligaciones como empleado. ¿Cuál es su opinión sobre eso?"* Luego escucha como si tu vida dependiera de lo que tu empleador diga a continuación. ¡Pon atención!

Bien, volviendo a mi historia: desde el momento en que comencé a trabajar allí, quería convertirme en un recurso para todos. Algunos de mis compañeros de trabajo leyeron el libro y me dijeron que les gustaba, y otros no lo leyeron. Pero no importaba si lo leían o no; lo importante es contribuir al crecimiento de los demás (como explicaré más adelante en este informe).

Empecé a trabajar como empleado y luego pasé a ser un empleo-empresario. La diferencia entre un empleado y un empleo-empresario es el valor o beneficios que aporta el uno y el otro a la compañía para la que trabaja, a sus colegas de trabajo y a sí mismo. Claro, un empleo-empresario aporta más valores y beneficios que un empleado. Como empleo-empresario, tú te elevas a la posición de Gerente General de tu empleo y aún más.

Piensa en esto. El trabajo de un Gerente General es utilizar todos los recursos disponibles en la empresa para aumentar las ganancias y, como empleo-empresario, tú harías lo mismo. Hay tres áreas principales en las que puedes ayudar a tu empleador/compañía a aumentar sus ganancias:

1- Ayudando a la empresa a aumentar las ganancias

Si obtener más ventas o clientes no está en la descripción de tu trabajo, esta podría ser un área donde podrías aumentar tu salario. Créeme; tu jefe no lo sabe todo y necesita tu ayuda más de lo que te imaginas. Yo usé esta opción: ayudar a mi jefe a aumentar las ganancias. Así es como comencé a aumentar mi salario, presentándome ante mi jefe como un empleo-empresario y luego presentándole un proyecto para obtener más clientes, porque observé que existía la necesidad. **Paso #1:** Soy un empleo-empresario. **Paso #2:** ¿Qué necesita mi jefe en la empresa? **Paso #3:** Crear proyecto basado en sus necesidades.

2- Ayudando a reducir costos generales

Cualquier empleado puede ayudar a la compañía a reducir costos, si mantiene los ojos abiertos. Déjame volver a hacer referencia al ejemplo dado en el capítulo anterior, sobre los fósforos Swan, porque se trata de un inmejorable ejemplo sobre cómo ahorrar dinero para tu jefe y aumentar tu salario. Como te comentaba, un empleado de esta compañía vio la oportunidad de ahorrar dinero para la firma y también de ganar algo de dinero para sí mismo.

Se acercó a la gerencia y les dijo: *"si puedo mostrarle una manera de ahorrar millones de dólares y funciona, ¿me darían un porcentaje de los ahorros?"*. La compañía dijo "sí". Organizaron una reunión con la gerencia de la compañía y el empleado (empleo-empresario) trajo su abogado y presentó su idea. Protégete, siempre. Muchas compañías pueden pretender que tus activos intelectuales les pertenecen por el simple hecho de ser su empleado.

Ya en la reunión, el empleado les dijo: *"ustedes están desperdiciando mucho dinero poniendo el papel de arena (para encender el fósforo) en los dos extremos de la caja de fósforos. Pongan el papel de arena solamente en un lado"*. Esta simple idea le ahorró a la compañía millones de dólares y ayudó a este empleado a aumentar su salario más allá de lo que pudo imaginar. Si él pudo, tú también puedes encontrar oportunidades dentro de tu empresa.

3- Ayudando a crear nuevos productos y servicios

La empresa para la que trabajas en este momento, fue una vez una simple idea. No dejes que los trajes caros o los zapatos brillantes que usan los dueños o tu jefe te impresionen. Hoy, esa idea - que comenzó pequeña - le da sustento a tu familia y tal vez a miles de personas. Tú tienes muchas ideas, y éstas, podrían aumentar los ingresos de la compañía y también tu salario.

Tú sabes lo que ofrece tu empresa, conoces los productos y servicios. Si por ejemplo te vas de vacaciones y por casualidad conoces a un comprador potencial de lo que tu compañía produce, esta podría ser una gran oportunidad para aumentar tu salario. Pregúntale a tu empleador: *"Jefe, si un empleado trae un comprador de un millón de dólares, ¿puede obtener comisiones por ese cliente?"* ¡Pero! antes de hacer eso, por favor tantea el terreno. Las corporaciones muchas veces se comportan como si les perteneciéramos.

Es por eso que hacer una pregunta o comentario casual, sobre la lectura de un artículo o "vi el título de este libro", como mi libro, por ejemplo: Empleo-Empresario, siempre es una buena idea. Presta atención a lo que está sucediendo con la industria. Los productos y servicios surgen de las necesidades de las personas, no de las directivas de los ejecutivos.

¡Las ideas son gratis! Bueno, eso no es cierto, requieren de un poco de esfuerzo, pero vale la pena. Estás leyendo este libro, estoy seguro de que sabes que nada es realmente gratis.

Bien, ahora que te presenté brevemente las principales formas de ganar más dinero en tu trabajo, permíteme mostrarte las 4 habilidades o estrategias que usé para aumentar mi salario. Estas habilidades son naturales en todos nosotros y pueden funcionar a favor o en contra. Todo depende de cómo las usemos. Junto con este libro recibirás estas 4 habilidades con lujo de detalles y con los conceptos más desarrollados.

De acuerdo, aquí vamos:

HABILIDAD # 1: TU EGO

Escuchamos a las personas hablar sobre el ego todo el tiempo, pero pocas hablan sobre el mecanismo de alimentación que nuestro ego utiliza para crecer y fortalecerse cada día. Me detuve a pensar un poco y me di cuenta de que nuestro ego se crea a usando nuestros 5 sentidos los cuales son la manera de comunicarnos con el mundo físico.

El ego es nuestra identidad social. ¿Cómo creamos nuestro sentido de identidad? A través de información. ¿Cómo capturamos esa información que crea nuestra identidad social? ¡Usando nuestros sentidos!

Los sentidos: vista, olor, tacto, gusto y oído no son más que un sistema de búsqueda y rastreo. Nuestro ego (creación de los 5 sentidos) siempre está buscando o preguntando *"¿qué hay para mí? ¿Qué tienes para mí? ¿Quién tiene lo mío?"*.

Este es el mecanismo que nos protege y nos alerta de cualquier peligro inminente. Siempre está escaneando el entorno en busca de lo que es útil para nosotros. Sin embargo, su propósito original era olfatear depredadores peligrosos cuando no vivíamos en sociedades civilizadas. El usar nuestro ego como lo utilizábamos entonces, es ineficaz hoy en día.

Bien, ahora, ¿cómo usé esta habilidad para aumentar mi salario? Bueno, esta es la forma de comenzar a convertirse en un empleo-empresario sin causar fricción con tus colegas de trabajo.

Todo lo que tenemos que hacer, es simplemente invertir la función del ego, es decir en vez de preguntar: *"¿qué hay para mí? ¿Qué tienes para mí? ¿Quién tiene lo mío?"*, preguntarnos: *"¿qué hay para ti?*

¿Qué tengo para mí? ¿Quién tiene lo tuyo? o ¿Qué hay para ellos?".

El enfoque central de este concepto es saber y entender a ciencia cierta que no existe la escasez o la pobreza en el universo. A pesar de que el sistema laboral y el sistema financiero del planeta está controlado por un grupo pequeño de personas, ellos no pueden bloquear o impedir que la abundancia del universo llegue a ti porque tú eres abundancia. Recuerda que la riqueza proviene solo de 3 lugares: 1) las personas, 2) la naturaleza y 3) las ideas. Si lo entiendes y lo crees, entonces comprenderás que eres valioso y que no hay escasez en el universo.

Cuando cambié la función de mi ego de: *"¿qué hay para mí?"* a *"¿qué hay para ti?"*, sentí que todo mi afán y estrés desaparecieron. Todo mi temor de perder, que me quiten, de no conseguir eso o aquello, desapareció de mi vida. Pasé de pensar solo en mí, a pensar en ti, en el otro. Me propuse elevar el estado de cada persona con la que entraba en contacto. Decidí que cada persona con la que yo entrara en contacto debía irse de mi presencia más sabia, más feliz y con más recursos para tener una mejor vida. O como siempre digo, debe hacer esa persona crecer dos pulgadas. Créeme, es más fácil de lo que piensas. Todo lo que compartes es información. La información se convirtió en mi regalo más preciado para todas las personas con las que entro en contacto. Cada vez que ayudaba a alguien a crecer dos pulgadas, yo crecía 6, 12, 20. Todo lo que pones en el universo, vuelve multiplicado. Esto es algo científico. No importa si lo crees o no.

Muchas personas sufren porque carecen de un conocimiento simple sobre lo que es la mente. Los pensamientos asustan a la gente, pero los pensamientos son visitas que van de paso. Tus pensamientos son solo visitantes que solicitan una reunión contigo, no les tengas miedo. Soy un estudiante de metafísica, y el poder de la mente, y el subconsciente. ¡Simplemente me fascina!

Cambié la función de mi ego y usé su habilidad para el beneficio de mi jefe, mis compañeros de trabajo y los clientes. Esta tendencia natural es súper poderosa, pero tienes que redirigir su función. Es así de sencillo. Cuando dejas de afanar buscando para ti, todo el universo comienza a trabajar para ti sin estorbos. Nuestro afán interrumpe la manera perfecta como trabaja el universo. Okay, esta es la estrategia #1. No me creas a mí, ¡practícala y verás lo que pasa!

HABILIDAD # 2: CONSCIENCIA DE LA RIQUEZA

Todos tenemos consciencia de la riqueza. Todos sabemos lo que es la riqueza y podemos distinguirla de la pobreza. Tú eres riqueza intrínseca; sin embargo, si no estás experimentando riqueza en este momento, es porque estás más consciente de otra cosa: de la pobreza. Recuerda, como creadores que somos, siempre creamos lo que está presente en nuestra consciencia.

Por favor, comprende esto: los sistemas sociales del planeta están basados en escasez para mantenernos en pobreza. Los economistas crean falta de recursos. El sistema escolar crea falta de iniciativa, creatividad, autoestima y aprendizaje. El sistema de trabajo crea y perpetúa la falta de prosperidad. El sistema de salud crea enfermedades y escasez de salud. La noticia crea falta de paz y armonía.

Entonces, los sistemas sociales nos obligan a ver escasez en todo. Sin embargo, sentimos una inclinación natural y poderosa hacia la consciencia de la riqueza, pero la carestía y escasez que vemos a diario es más persistente. Solo podemos crear lo que está en nuestra consciencia. Si comienzas a practicar la consciencia de la riqueza, por ejemplo, voltear tu ego, empezarás a ver el valor o la riqueza en todas partes. Es por eso que el paso 1 es tan importante. No creas que por ayudar a alguien en tu trabajo con información vas a perder o no obtendrás lo que deseas... hay suficiente para todos.

Practicar consciencia de la riqueza es simplemente saber y creer que hay para todos. Con este entendimiento tu comportamiento se puede modificar si pones en práctica invertir la función de tu ego. Este planeta está lleno de abundancia inagotable. Puedes ver riqueza potencial en tu propia casa, puedes verla en la calle, en las personas a tu alrededor, en la naturaleza y sobre todo en las ideas... tus ideas. No dejes que la sociedad te confunda cuando se trata de la riqueza y dinero. El dinero no es más que un reflejo, un pequeño aspecto de la riqueza. La consciencia de la riqueza es un jardín donde puedes sembrar y cosechar todo lo que tu corazón anhela.

RIQUEZA ES:

Saber que no falta nada UNIVERSO, que todo lo que podamos desear o necesitar lo tenemos ya. Lo único que tenemos que hacer es actuar decisivamente para recibirlo.

Mis hijos y yo siempre tenemos discusiones sobre precio, valor, productos, y servicios. Siempre les digo que nada tiene precio, nada es caro o barato; las cosas tienen valor, o no. El precio es irrelevante, el valor que le damos a las cosas es lo que realmente vale la pena.

El precio no tiene nada que ver con el valor. Damos valor a las cosas y luego las pagamos en el precio acordado. Nosotros le damos el valor a las cosas. Mi hijo menor, Carlitos, ama los Lamborghini. A veces dice: "¡Guau, son caros!", y siempre soy rápido en responder:

"¿Comparado con qué?"

Siempre le cuento historias comparativas sobre alguien que tiene que cambiar su Lamborghini por unas monedas para llamar a su hija porque tuvo un accidente, o para comer porque no se puede comer el auto. Esto lo hace entender que todo se basa en el valor de las cosas y no su precio. Por lo tanto, crea valores o beneficios para ti y todos los que te rodean: es gratis. No tienes que pagar por ello, solo tienes que pensar y cambiar la función de tu ego. Aprende de las personas, la naturaleza, y tus ideas. Regala información sin temor, da en abundancia a todos los que te rodean y todo volverá a ti multiplicado. Tu ego es un instrumento súper poderoso, pero pierde su poder cuando lo usas para buscar solamente lo que te beneficia a ti. Cambiar el uso de tu ego es la clave porque cuando lo haces estas ayudando a tu jefe, tus colegas y a todas las personas que entran en contacto contigo.

Todas estas personas tienen problemas que quieren solucionar y tu ego los está ayudando a encontrar soluciones. Lo mejor de todo esto, es que tu mente se transformara en un instrumento afinado para resolver problemas, la gente paga por soluciones. *¿Puedes ver la relación entre ideas, resolver problemas y ganar más dinero en tu trabajo?* El punto es que no puedes pagarte a ti mismo por las soluciones que encuentres o crees. Si ayudas a muchas personas a resolver sus problemas, muchas personas te ayudarán a resolver tus problemas. La gente a tu alrededor (tu jefe, tus colegas de trabajo, tus clientes, tus amigos y extraños) desean soluciones para mejorar sus vidas. Ahora tú tienes en tus manos la manera de ayudarlos. Estas personas te pagarán con el objeto de intercambio que usamos en la sociedad: *el Dinero.*

A medida que ayudas a otras personas te ayudas a ti mismo y a tu familia. Además, comprende que tienes que crecer como persona. Te tienes que enriquecer para enriquecer a los demás. Leer es la mejor manera de adquirir más conocimiento en tu área de empleo. El Internet te ofrece un mundo de información en texto y videos que puedes estudiar sin límites. Para aprender más sobre tu área de empleo, visita YouTube, puedes estar seguro de que encontrarás un sin número de temas relacionados con tu interés. Yo, por ejemplo, comencé a leer mientras caminaba en mi barrio. Cada vez que necesitaba salir a comprar algo; he leído libros enteros caminando en las aceras de mi barrio. A veces la gente me mira raro y a veces hasta comentan, pero a mí no me importa. Estoy usando mi tempo para adquirir conocimiento que me servirá para ganar más dinero.

Puede que no seas tan extremo como yo, pero, encuentra o crea tu propia manera de aprender y usar tu tiempo. Sé extraño de una manera positiva, cambia tu rutina y tu vida cambiará de la noche a la mañana. Crea tu propio mundo de aprendizaje y tu laboratorio de pruebas. Estas ideas que te ofrezco en este libro, están expandiendo tu mente hacia una nueva forma de ver tu trabajo, acógelas y úsalas como si tu vida dependiera de ello.

HABILIDAD # 3: POSICIONAMIENTO

¡Posicionamiento! ¡Wow! Esta estrategia es súper poderosa. Tú tienes un posicionamiento en las mentes y en los corazones de tu jefe, tus colegas de trabajo, clientes, etc. ¿Tú sabes que piensan sobre ti?, ¿Sabes cómo te ven como profesional? Es muy importante que lo sepas, pero es más importante que tengas la intención de crear tú mismo ese posicionamiento. No lo dejes liberado al azar.

Piensa en grandes personalidades de la historia: Mandela, Kennedy, Jesucristo, Martin Luther King Jr., Nikola Tesla o Gandhi. Todas estas grandes personalidades se posicionaron como líderes de sus diferentes áreas y todos llegaron a conocerlos y aceptarlos como consistentes, inspiradores, generosos y, sobre todo, valientes. Nadie te pregunta que estás haciendo cuando estás actuando, la gente solo ve que estás ayudando a otros y te abre paso.

Eso es posicionamiento. Es tu marca personal. Lo que te distingue de los demás. Si eres uno más del montón, entonces nadie te notará y mucho menos te dará dinero.

Las empresas de todo el mundo gastan miles de millones de dólares cada año para proteger, mejorar o embellecer sus marcas. ¿Por qué crees que lo hacen? Se trata de la percepción. Estas compañías invierten en su imagen porque una buena imagen es igual a dinero. Hay una frase famosa que dice así: *"no hay una segunda oportunidad para una primera impresión"*. Es verdad. Y cuando se logra esa muy buena primera impresión, hay que mantenerla.

Lo que la mayoría de la gente no sabe (incluido yo, años atrás) es que podemos diseñar esa primera impresión sin fingir ni engañar a las personas con las que queremos interactuar. Si no eres sincero y genuino en ese primer contacto, tu verdadero yo saldrá más adelante en tu comportamiento. Tu yo original no se puede esconder por mucho tiempo... siempre sale a luz.

Tu puedes dejar que tu posicionamiento sea al azar cuando interactúes con las personas, o puedes tomar el control de cómo deseas que te vean. Puedes tomar la iniciativa al respecto, hacer valer tu intención, ser deliberado, o simplemente casual. De cualquier manera, vas a obtener un resultado. Pero es más ventajoso y beneficioso que controles tu posicionamiento. *¿Cómo quieres que la gente te vea?* Yo quería que la gente me viera como un recurso en mi trabajo y lo logré cuando cambié la función de mi ego.

Cuando ayudas sin interés, la gente quiere estar cerca de ti; quieren ser parte de lo que haces. Si saben que tienes buenas intenciones; ellos confiarán en ti. La gente te puede percibir, todos somos psíquicos, todos tenemos el poder de percibir al otro, somos parte de la misma energía. Estas estrategias funcionan;

pero si nadie te soporta en tu trabajo será difícil. Recuerda que los negocios no son nada sin las relaciones humanas. Si todos te odian, no aceptarán tu ayuda, no compartirán información contigo y será casi imposible convertirte en un empleo-empresario. Posiciónate como un líder servidor, un líder estudiante. Siempre di: *"soy un líder servidor", "soy una mujer que avanza", "soy un hombre que avanza", "ayudo a todos aquellos con los que entro en contacto a crecer 2 pulgadas. Siempre los dejo mejor que cuando los encontré", "soy una fuerza sobrenatural que afecta de manera positiva la vida de los demás".*

HABILIDAD # 4: DE EMPLEADO A EMPLEO-EMPRESARIO

Millones de personas de todo el mundo van a su trabajo todos los días. Muchas de ellas aman lo que hacen y muchos odian lo que hacen. Algunos trabajos son aburridos, otros son interesantes. Sea cual sea nuestra opinión sobre los empleos, hay riquezas ocultas en cada uno de ellos, porque en cada trabajo se encuentran las tres cosas que crean riqueza: personas, ideas, y la naturaleza.

Bien, tenemos esa parte clara. Ahora... ¿cómo te puedes convertir en un empleo-empresario? Fácil. Es una decisión. Un cambio mental. Solo tienes que decidir convertirte en uno. Es como ser feliz. Simplemente decide ser feliz y luego todo tipo de recuerdos felices y situaciones comienzan a manifestarse en tu mente, y luego en tu vida. Tus amigos te invitan a ver una película que te hace feliz, te llega una buena noticia que no esperabas, sonríes sin saber porque, en fin, la felicidad te envuelve. Las cosas que puedes hacer para seguir siendo feliz no paran de aparecer. **¿Recuerdas donde comenzó todo?** En tu mente.

Está bien, pero, ¿qué es lo que decides hacer? Decides comenzar a ver tu trabajo como un lugar donde puedes crear valor más allá de sus obligaciones de cada día. Recuerda las tres áreas para agregar valor a la empresa de tus empleadores para que puedas ganar más dinero:

1   **- Ayudar a la empresa a aumentar las ganancias**

2   **- Reducir costos de operaciones o gastos generales**

3   **- Crear nuevos productos o servicios**

Estas son las áreas que debes comenzar a mirar, investigar, indagar al igual que lo hace el gerente de la empresa. No necesitas permiso; sin embargo, debes despejar el camino. Debes presentarte como empleo-empresario primero. Explora el terreno a ver cómo tu jefe reacciona al respecto. Créeme, ellos necesitan tu ayuda y la colaboración de todos tus compañeros de trabajo. No te lo dirán por orgullo o debido a su natural vanidad, pero necesitan tu ayuda como nunca antes, sobre todo en estos tiempos difíciles.

Recuerda: tu materia prima, lo que usas para crear oportunidades para aumentar tu salario, son las ideas. Tienes ideas todo el día. Todo lo que necesitas es un sistema y este libro te lo pone en las manos. Al comprar este libro, también te has unido a nuestra comunidad de empleo-empresarios para poder hacer preguntas, para mantenerte al tanto. Si comienzas a escribir ideas, combinaciones de aportes, conceptos, etc., podrías llegar a una idea que potencialmente podría salvar a tu empresa o hacerte millonario. ¡Qué genial sería eso!

Recuerda que tu compañía comenzó con una idea.

He aquí algunos consejos para ayudarte en el camino:

Cuando tus compañeros de trabajo se quejen de algo, escucha, toma notas mentales, escribe cualquier idea que pueda surgir de esa queja. **¡Piensa en soluciones!**

Piensa en problemas específicos que tiene la compañía y pon a trabajar tu mente consciente y subconsciente para encontrar soluciones. Muchas empresas incluso subcontratan servicios para que los ayuden a resolver problemas. Si visitas un sitio web llamado: *www.innocentive.com*, encontrarás muchas empresas que no pueden resolver sus problemas internamente y tienen que buscar ayuda fuera de la empresa. En esa página web estas compañías describen los problemas que están enfrentando y ofrecen dinero para el que pueda crear la solución. ¿Leíste eso? ¡Léelo de nuevo! Esa es la prueba de que tienes una gran oportunidad en tus manos, si usas estos principios que te presento en este libro.

POR FAVOR, TEN SIEMPRE EN CUENTA...

Estas estrategias y conceptos son tan buenos como tu relación con las personas. Estas son estrategias que dependen de tu relación con tu jefe, colegas, clientes, etc. Las mismas no funcionan si no hay confianza, integridad y honestidad.

Como puedes ver, estas habilidades son naturales para nosotros, las personas. Las usamos todos los días.

Tu ego: redirige tu inclinación natural. Confía en mí en esto; me lo agradecerás después. ¡Practica! El uso de tu ego no te sirve cuando todo su enfoque está en ti... ¡cambia la función de tu ego!

Posicionamiento: lo haces todos los días. Ahora todo lo que necesitas hacer es tomar consciencia y posicionarte intencionalmente.

Consciencia de la riqueza: no es más que saber que hay para todos. Todos tenemos riqueza, valor y el potencial puro para crear riqueza. ¡Deja de mirar la escasez y comienza a mirar la abundancia!

De Empleado a Empleo-Empresario: convertirte en un empleo-empresario se trata de pensar, esto lo haces todos los días también. Encuentra nuevas maneras de usar tu mente; recuerda, ser un empleo-empresario es una manera de diferente de pensar en tu empleo.

CAPÍTULO 7
CREANDO TU EQUIPO
PROFESIONAL

«La gente que usa apalancamiento avanza más rápido. Dicho más simple, 'el apalancamiento es puro poder».

—*Robert Kiyosaki*

EL EQUIPO

Los últimos 50 años de la historia humana han aumentado dramáticamente nuestro potencial para crear e innovar. En estas 5 décadas se han desarrollado más avances sociales, tecnológicos, medicina, ingeniería, servicios, entre otros, que en los 3.000 años anteriores.

Dependiendo de la compañía para la que trabajes, los productos o servicios que ofrece tu empleador pueden variar desde la venta de helados a psicología para militares. Tus proyectos como empleo-empresario, sean cuales sean, abrirán un mundo que nunca creíste posible, pero también traerán desafíos. Estos proyectos te forzarán a expandir tu imaginación y muchas veces te harán ver que no tienes las respuestas para todas tus preguntas, las muchas preguntas que enfrentarás en esta nueva aventura.

Por esta razón y otras, para poder dar vida a tus ideas e innovaciones, necesitarás contar con un equipo de profesionales que puedan ayudarte, no solo con presentaciones, oratoria, entrenamiento, y desarrollo de tus ideas y conceptos, sino también con tu vida personal. Estas son algunas claves para crear tu equipo:

Expertos

Rodéate de expertos en diferentes áreas. Recuerda que son quienes te pueden asesorar en las que no eres un experto, y también te pueden dar una mano en tu área de experticia. Considera a estos especialistas como consultores a los cuales puedes acudir cuando necesites ayuda e ideas.

Consultar referencias

Esto puede parecer obvio, pero te sorprendería escuchar cuántas personas contratan diseñadores, editores, redactores y otros, sin verificar sus referencias. Cuando los problemas comienzan a aparecer, es lo primero que les viene a la mente: "debí haber verificado sus referencias"....por ello ¡siempre verfica!

Acuerdo de confidencialidad

Usa un acuerdo de confidencialidad con todas las personas en tu equipo. No sabes el momento cuando podrías divulgar un secreto o proyecto en el que puedes estar trabajando. Un acuerdo de confidencialidad es un acuerdo que haces con el experto que te ayudará con algún proyecto, quien realizará el trabajo por ti. Este es un acuerdo para proteger tus ideas y conceptos. Proteger tus ideas es otra razón por la que debes verificar las referencias: si las referencias de alguien tienen algo bueno que decir, es una indicación de que esta persona probablemente no intentará hacer algo ilegal con tu propiedad intelectual.

Descripción del Proyecto

Si no puedes reunirte en persona con un miembro potencial del equipo, has un video que describa lo que necesitas. Si no puedes grabar un video, escribe la descripción de tu proyecto y usa imágenes (imágenes, infografías, etc.) para que sea lo más claro posible. La mayoría de los problemas entre clientes y expertos son el resultado de falta de comunicación y una comprensión total de las expectativas.

ENCONTRANDO EXPERTOS

El mundo se ha convertido en un mercado conectado. Hoy puedes encontrar muchos profesionales simplemente sentándote frente a tu computadora. Puedes optar por trabajar con profesionales en tu propio país u otras regiones del mundo. A menudo puede ser rentable trabajar con profesionales talentosos en países en desarrollo donde la mano de obra es menos costosa que en Europa, los Estados Unidos o Canadá.

Hay algunos sitios web muy buenos en Internet que puedes usar para encontrar expertos que puedan ayudarlo a desarrollar tus ideas. A continuación te reseño los principales:

* Upwork (www.upwork.com)

Esta compañía actúa como un intermediario entre los expertos y los clientes que necesitan sus servicios. Estos son algunos de los profesionales que puedes encontrar en el sitio web de Upwork: editores, programadores, diseñadores de sitios web, escritores, comercializadores, creadores de sitios web, traductores, consultores, y desarrolladores móviles (entre otros).

No tienes que pagarle a Upwork por conectar con los expertos: ellos toman tus honorarios de las ganancias del experto. Upwork te protege al poner tu dinero en custodia. Tú pagas cuando estés satisfecho con el trabajo. En esta plataforma puedes tener contacto fuera de la página web para comunicarte con el experto.

* People Per Hour (www.peopleperhour. com)

Funciona de manera similar a upwork.com

* Fiverr (Fiverr.com)

Funciona de manera similar a upwork.com y peopleperhour.com, pero no puedes tener contacto fuera de la página con los expertos.

* YouTube www.youtube.com

YouTube puede ser muy útil cuando buscas un experto. Muchas personas en YouTube ayudan a otros creando videos que enseñan una gran variedad de temas. Estos expertos tienen una reputación que necesitan mantener para obtener más negocios. You-Tube también tiene una sección donde puedes dejar comentarios sobre los expertos. Vivimos en una época en que los comentarios, y testimonios se han convertido en la primera fuente de información que los posibles clientes investigan antes de comprar. La reputación de los negocios se vuelve cada vez más importante.

* Skype www.skype.com

Skype es una plataforma de comunicación en línea gratuita que te permite hablar con cualquier persona que también este registrada en la plataforma. La comunicación puede ser por medio de texto, audio o videoconferencia. Skype también te permite compartir tu pantalla con tus contactos. Esto es ideal para mostrar y explicar conceptos e ideas cuando te comunicas con tu equipo. También puedes encontrar profesionales en Skype escribiendo palabras clave (diseñador, escritor, etc.) en la sección de búsqueda de contactos.

* Google.Meet

Esta plataforma le pertenece a Google y puedes usarla gratuitamente. Funciona de manera similar a Skype, pero puedes tener más invitados y es más fácil de usar y agregar invitados.

A medida que crezca tu nuevo emprendimiento, tus ideas e innovaciones también crecerán. Tu equipo necesita mantenerse al día con las nuevas habilidades y experiencias que exigirá tu crecimiento. Intenta obtener referencias para otros expertos dentro de tu área. Esto minimizará tu exposición a expertos con mala reputación.

Si eres como yo, tratarás de aprender tantas habilidades como sea posible y harás la mayor parte del trabajo tú mismo, pero no podrás dominarlo todo. Cuanto antes crees tu equipo, mucho más se expandirán tus conceptos, ideas, proyectos e innovaciones.

CONSEJEROS

Una de las razones más poderosas por las que necesitamos consejeros, es porque nos llevan de donde estamos, a donde queremos llegar. Tu círculo de amigos, familiares, y compañeros de trabajo muchas veces desean que sigas igual. Están ahí para garantizar que no te salgas de la línea. Si intentas destacarte y reclamar tu derecho a soñar en grande es posible que te digan que estás loco. Si hablas con alguien sobre tu nuevo proyecto de convertirte en empleado-empresario y te dicen que estás loco, no hables más con esa persona sobre tus proyectos de grandeza. Si te preguntan, les puedes decir que lo abandonaste ya y sigue adelante.

Recuerdo haberle contado a un amigo sobre una visita reciente a mi dentista. Hice una cita para las 11:30 de la mañana de un lunes. Cuando me presenté para la misma, vi que había muchos otros pacientes esperando. Me acerqué al escritorio de la secretaria y dije que estaba allí para mi cita de las 11:30. Ella me dijo: *"está bien, tome asiento"*. Le pregunté: *"¿cuándo podré ver a la dentista?"* y me contestó: *"oh, tiene que esperar"*. Inmediatamente dije: *"no, gracias"*, y salí del consultorio.

Mi amigo no podía creer lo que yo había hecho y hasta se enojó conmigo. Se sorprendió de que me hubiera comportado de esa manera. Para mi amigo, yo debí haber esperado, al igual que todos los demás pacientes, a pesar de que tenía una cita para una hora específica. ¿Por qué no buscar un dentista que respete mi tiempo como yo respeto el de ella? Ya no hablo con este amigo sobre este tipo de cosas. Es importante que sepas con quien puedes hablar sobre ciertos temas y con quien no.

Tus consejeros aplaudirán este tipo de comportamiento. Te animarán, pero no solo eso; también te recomendarán un dentista que respete tu tiempo. Los consejeros están en todas partes. No tienes que conocerlos en persona. Si compras un libro, miras un video, te subscribes a un canal en YouTube, lees un artículo o sigues a alguien en Twitter o Facebook, esa persona es una especie de consejero, porque sus comentarios, conocimientos y consejos te está guiando. De esta manera, puedes tener muchos consejeros. Pero también necesitas algunas personas a las que puedas acudir con tus propias preguntas en cualquier momento. El acceso a consejeros inteligentes y experimentados es clave cuando se trata desarrollar ideas, innovaciones, productos o servicios

Cuando conozcas a alguien que quieras elegir para que sea tu consejero, pregúntales si tienen el tiempo para ser tu consejero. Te sorprenderá lo fácil que puede ser conseguir consejeros, porque para esa persona tu petición es un cumplido. Las personas que entienden que no existe la escasez, siempre están dispuestas a compartir sus conocimientos y ayudar. El poder ayudar a otros les causa un verdadero placer.

Algunas personas lo harán de forma gratuita y otras te cobrarán. Si pagas por el servicio valorarás mucho más la información y los discernimientos que te ofrezcan. Los entrenadores por paga te enseñarán todo lo que quieras aprender en áreas específicas. Una simple búsqueda en el Internet te dará muchas opciones de entrenadores en el área que elijas. Los consejeros y entrenadores son magos que sacan lo mejor de ti. Somos como minas que necesitan ser perforadas y excavadas para extraer el oro que yace oculto dentro de nosotros. Los entrenadores y consejeros son expertos en hacer precisamente eso.

La principal diferencia entre un consejero y un entrenador, es la intención que tengas y el tiempo de duración. ¿Cuál es tu intención cuando buscas ayuda? ¿Qué quieres lograr? Un consejero es como un médico general. Te ayudará con cosas generales en tu vida personal o profesional y eso puede durar largo tiempo. Esta persona te ayuda a alcanzar tus objetivos, te ayuda con la toma de decisiones, y te brinda orientación general. Un entrenador, por otro lado, es útil cuando tienes un objetivo específico, o necesitas mejorar una determinada habilidad o un conjunto de habilidades.

No subestimes el poder de tener un consejero o un entrenador. Ambos pueden realmente ayudarte a lograr tus metas y sueños con mayor rapidez y menos tropiezos. Cuando comiences a ganar más dinero, necesitaras consejeros en tu equipo que puedan ayudarte a manejar mayores cantidades de dinero.

Los consejeros y entrenadores financieros te pueden ayudar a ahorrar más dinero y también protegerlo. Si sigues los consejos de este libro, ganarás más dinero en tu empleo. Pero necesitas saber cómo manejarlo y protegerlo. Cuando la gente me cuenta todas las cosas que comprarían si ganaran la lotería, siempre les digo que lo primero que deberían hacer es escribirle un cheque a alguien como Suze Orman, ella es una asesora financiera. Les digo que necesitan comprar asesoramiento financiero.

Les digo que si ganaron la lotería y no buscaron asesoramiento financiero de inmediato, podrían volver rápidamente al punto en que necesiten comprar boletos de lotería nuevamente. La información y el asesoramiento que un buen asesor financiero puede proporcionarte, son realmente invaluables. Encuentra un buen asesor financiero al que le guste enseñar. Hazlo parte de tu equipo. Esta persona abrirá las puertas a un mundo completamente nuevo en términos de crecimiento y protección de tu dinero. Aprende sobre finanzas mucho antes de comenzar a ganar más dinero.

A finales de los años 80, Ken Kutaragi, un autoproclamado "juguetón", creó un chip para que la Nintendo de su hija fuera más potente y proporcionara una mejor experiencia de juego. Acudió a sus jefes con la idea de crear una nueva consola para Sony, pero se topó con un muro. Sony no "jugaba" y muchos creían que la industria era una moda pasajera.

Al negarse a rendirse, Kutaragi se dirigió al director general de Sony, Norio Ohga. Cada vez más consciente del valor de la industria de los juegos, Ohga inició una empresa conjunta con Nintendo. Los desacuerdos sobre las licencias hicieron que la asociación se desvaneciera, pero Sony siguió desarrollando su propia consola: la PlayStation. Quería demostrar que incluso los empleados regulares de la empresa podían construir algo grande. V

La PlayStation se lanzó en 1994 y ha vendido más de 500 millones de unidades desde entonces. Kutaragi llegó a ser Presidente y CEO de Sony, y ya nadie en Sony cuestiona la credibilidad de la industria de los juegos.

A principios de 1900, un trabajador de la fábrica de Swan Vesta, la compañía de fósforos, fue a la alta dirección y les dijo que tenía una idea que podría ahorrar al negocio millones de libras en costes de producción. Fue ignorado, ya que la gerencia no creía que un trabajador de fábrica de poca monta pudiera tener ideas de tal valor. Sin embargo, después de meses de presión y persuasión, el trabajador logró ponerse a pocos minutos frente a la junta, una audiencia escéptica dispuesta a reírse de su idea del *"millón de dólares"*.

¿La idea? Poner la huelga de lija en un solo lado de la caja de fósforos en lugar de ambos. Revolucionario.

Como cualquier caja de cerillas Swan demostrará, la idea funcionó, y el negocio ahorró millones. Como dijimos, a veces las mejores ideas son sorprendentemente simples.

CAPÍTULO 8
RECURSOS PERSONALES PARA AUMENTAR TU PROPIO SALARIO

«La independencia financiera es la capacidad de vivir de los ingresos de tus propios recursos personales».

—*Jim Rohn*

En diciembre de 2011, di un seminario en Time Square, en el corazón de la ciudad de Nueva York, titulado "Recursos que puedes convertir en dinero". En él, mencioné que cada persona tiene recursos a su disposición que puede utilizar para crear riquezas ilimitadas tanto para ellos como para sus familias.

Puede que hayas escuchado que el 5 % de la población mundial controla el 95 % del dinero. Pero no hay que confundir dinero con riqueza. La riqueza se encuentra alrededor nuestro en todo momento y está disponible para todos. Compartiré un secreto: todos tenemos riqueza potencial. Generar dinero no debería ser el objetivo, sino crear beneficios comerciales para otras personas, y el dinero vendrá después. Pronto te darás cuenta de que el dinero no es más que el resultado de nuestras acciones y nuestra mentalidad.

La verdad es que todos y cada uno de nosotros podemos ser parte de ese 5 % que controla el dinero. Me he dado cuenta de que la razón por la que ese 5 % controla tanto del dinero mundial se debe a que ellos realmente han entendido que la abundancia es el resultado de sus ideas. ¡Pero todos tenemos ideas! Si les preguntas a mis dos hijos de dónde viene el dinero, ellos señalarán sus cabezas y dirán que proviene de las ideas. Desde una temprana edad se nos enseña una percepción errónea acerca de ese 95 % del dinero mundial. Nuestro sistema educativo, obligatorio y anticuado, todavía se basa en las necesidades de la Revolución Industrial. Por lo tanto, aprendemos que solo podemos ganar dinero dentro de las limitaciones de nuestro empleo.

Todavía tenemos un sistema que enseña y promueve en los niños la mentalidad de un trabajador de fábrica. Se nos enseña a intercambiar tiempo por dinero, cuando en realidad deberíamos intercambiar beneficios comerciales e ideas por dinero. Es por esto que convertirse en un empleo-empresario es fundamental para aumentar tu propio salario en tu empleo. Tienes todo lo que necesitas dentro de las instalaciones de tu empleador para lograrlo.

Puede que todo esté yendo muy bien en tu empleo y con tu salario puedes pagar las cuentas y quizás incluso ahorres un poco. Pero, ¿es eso todo lo que quieres en la vida? De ser así, seguramente no habrías comprado este libro. El negocio de tu empleador te ofrece todo lo necesario para desarrollarte aún más y ganar más dinero. Pero para hacerlo, necesitas conectar con tu ser más profundo. Necesitas utilizar todos tus recursos inactivos, todas esas habilidades personales que son ignoradas dentro de tu área de trabajo. Ahora puedes utilizar tus habilidades para hacer crecer tu emprendimiento de empleo-empresario a pasos de gigante.

TUS RECURSOS PERSONALES

Seguramente hayas escuchado mucho sobre los recursos personales y el poder que existe dentro de cada uno de nosotros para lograr lo que deseamos en la vida. Pero, ¿qué son realmente estos poderes y cuál es la mejor manera de utilizarlos? Me gustaría darte una breve lista de lo que considero las características más poderosas que viven en tu interior y que están listas para ser utilizadas. Esta lista representa algunos de los recursos que puedes utilizar para conseguir lo que desees en la vida, incluyendo aumentar tu propio salario en tu empleo.

* Pensamientos

Tus pensamientos son impulsos eléctricos que atraen otros pensamientos similares o personas hacia ti. Tu vida es la creación o manifestación de tus pensamientos. Guarda tus pensamientos de la misma manera en que protegerías a un bebé recién nacido. Trata de tener solamente pensamientos buenos en tu mente. Como James Allen dijo, "como él piensa, él es; como él continúa pensando, así permanece".

* Deseo

Esta es la fuerza que convierte tus sueños en realidad. Tus deseos son activados por tus sueños. Para que tu emprendimiento de empleo-empresario comience a funcionar, el deseo siempre tiene que estar presente: deseo de ayudar, deseo de aprender, deseo de progresar, deseo de ganar más dinero, deseo de tener una vida mejor, deseo de ser mejor cada día. Si no tienes el deseo de expandir tu ambición, y crear nuevas ideas, crear nuevos productos y servicios usando los recursos de tu empleador, entonces nada en este libro puede ayudarte. Pero ya el hecho de que lo hayas comprado y lo estés leyendo me dice que quieres triunfar y que estás listo para hacer lo que sea necesario.

* Decisiones

Cuando vi a Bob Proctor abrir un seminario declarando que "si quieres ser rico, lo único que necesitas es tomar una decisión", de repente comprendí el poder de comprometerse con un sueño o una meta y la fuerza de tus acciones. Tus decisiones te mueven en la dirección que quieres seguir. Si tomas una decisión y te comprometes con ella, nada es imposible de alcanzar.

* Acciones

Tus acciones determinarán el resultado. Tus acciones son siempre del tamaño de tus sueños. Si tienes sueños pequeños, tus acciones serán pequeñas y tímidas. Si tienes sueños grandes, tus acciones serán grandes, audaces y valientes.

* Intención

La intención es una fuerza poderosa que, cuando se junta con tus deseos y tus acciones, le brindará claridad al propósito y, eventualmente, te ayudará a conseguir lo que quieres. Las intenciones confusas pueden causar mucho dolor tanto personal como profesional, pero cuando tienes claras tus metas en cada área de tu vida, puedes avanzar sin dudas y tus acciones estarán en armonía con tus deseos más íntimos.

* Atención

Todo aquello a lo que le prestes atención, se expandirá y crecerá, sin importar lo que sea. Imagina que estás sosteniendo una lupa bajo la luz del sol brillante y cambias su enfoque de un lugar a otro cada diez segundos.

Si estás intentando encender un fuego pero cambias constantemente el foco de la energía solar, no tendrás éxito en iniciar el mismo. Ahora imagina que enfocas la lupa en un solo punto y no la mueves hasta que veas que una llama comienza a arder. Este es un ejemplo perfecto del poder de la atención enfocada.

* Energía

Cuando tienes el deseo y la intención de hacer algo y enfocas tu atención en ello, tu nivel de energía aumenta drásticamente. Ya no puedes contenerte. La energía es emoción, motivación, la vida surgiendo desde tu interior. El cuerpo humano es capaz de realizar hazañas sobrehumanas cuando se le da suficientes razones para dar rienda suelta a sus poderes. Tu nivel de energía y entusiasmo serán determinados por tus aspiraciones. La mejor bebida energética es una dosis doble de tu sueño: cuando te despiertas por la mañana y cuando te acuestas por la noche.

* Creatividad

Somos seres creativos. Siempre estamos creando y recreando nuestras vidas a través de nuestros pensamientos y acciones. Los únicos límites de nuestra creatividad son aquellos que nosotros mismos nos imponemos. Puedes aplicarla a tu emprendimiento de empleo-empresario y crear cosas increíbles si sigues estos tres pasos:

1. Mira lo que haces por tu empleador a través de los ojos de un extraño. ¿Qué cambiarías? ¿Qué mejorarías? ¿Qué innovaciones te gustaría hacer?

2. Escribe todas las ideas que se te ocurran mientras miras tu compañía desde la perspectiva de otra persona.

3. Piensa en cómo puedes implementar estos nuevos descubrimientos dentro de tu emprendimiento de empleo-empresario. ¿Qué necesitas hacer? ¿Tienes los recursos o necesitas encontrar una manera de obtenerlos?

* Ideas

Si la sociedad ha avanzado enormemente a lo largo del tiempo es porque nuestras ideas han superado un sinnúmero de obstáculos y han resuelto problemas que impedían nuestro progreso. Tus ideas son únicas porque tú eres único. Tienes un suministro ilimitado de ideas que pueden ayudarte a aumentar tu salario más rápido de lo que te imaginas.

Expresa tus ideas con claridad. Usa imágenes, gráficos y otras herramientas para hacerlas sencillas de entender y lo más convincentes posible. Nadie más ve el mundo como tú. Hay un programa de *software* llamado Mindjet que puede ser útil para mapear tus ideas. Yo lo uso y me ayuda a clarificar inmensamente mis pensamientos.

* Conciencia

¡Mantente alerta! Las personas pasan por alto muchas oportunidades porque no son conscientes de su entorno. Recuerda estar presente. Deja de lado el automatismo y sé consciente de dónde estás exactamente ahora mismo. Presta siempre atención a lo que sucede en tu trabajo y cómo la empresa está cambiando día a día, la interacción con tus colegas, clientes, en fin, mantén tu mente en el momento presente y descubrirás cosas que otros no pueden ver. Este es el mundo de un empleo-empresario, descubrir oportunidades para aumentar tu propio salario en tu empleo.

* Crea y Regala Beneficios Comerciales (información)

Agrega beneficios a todas tus acciones, tanto en tu trabajo como fuera de él. Solo entonces tu vida estará llena de satisfacción y significado. Cada situación de la vida tiene su beneficios o lecciones. Jesucristo usaba cada momento que podía para regalar beneficios o enseñar a la gente. En tu emprendimiento de empleo-empresario, tu materia prima es la información, información que puede ayudar a otros. Si les das suficientes beneficios a todos los que te rodean, tendrás una verdadera ventaja porque te convertirás en un líder en tu compañía, un líder sin ego.

* Conocimiento

El conocimiento es información que se ha obtenido en base a una experiencia. Dependiendo de tu trabajo, necesitarás consumir cierto tipo de información. Todas tus acciones están precedidas por esa información y conocimientos que tienes. Lee revistas, libros y artículos sobre tu trabajo y tu industria.

Aprende todo lo que puedas sobre *marketing*, ventas, atención al cliente y gestión empresarial. Si tienes una perspectiva amplia sobre tu industria, siempre encontrarás proyectos nuevos para desarrollarte como empleo-empresario.

* Actitud

Este punto es muy importante. Tu actitud, más que cualquier otro de tus atributos, determinará tu futuro. Con actitud nos referimos a cómo interactuamos con la vida: cómo aceptamos lo que la vida nos presenta y cómo dejamos que el mundo fluya a través de nosotros, o cómo resistimos todo lo que sucede y hacemos de nuestras vidas un infierno, tanto para nosotros como para quienes nos rodean.

Tu actitud determina cómo manejas las cosas cuando no salen como quieres y la vida parece conspirar en tu contra sin importar lo que hagas. El éxito y el fracaso vienen y van. Debes recordar siempre tratarlos como extraños que pueden salir de tu vida en cualquier momento.

* Fuerza

Recuerda esto: siempre eres más fuerte, rápido, inteligente, valioso e ingenioso que tus situaciones. Tienes fuerza en tu interior para superar toda situación a la que te enfrentes en tu emprendimiento de empleo-empresario. Nunca lo olvides ni dejes de creerlo.

* Acuerdos

Si crees que los acuerdos no son importantes, piensa en el sistema monetario de la economía mundial. Lo único que la mantiene intacta es el hecho de que las personas de todo el mundo aceptan participar en ella. Todos estamos de acuerdo en que el dinero tiene valor y por eso lo usamos.

Si no lo hiciéramos, la economía se vendría abajo. Intercambiamos billetes —papeles que solo tienen valor porque todos decimos que lo tienen— por productos y servicios reales. Toda la base de la economía mundial es un simple *acuerdo*.

Los acuerdos son parte de nuestras vidas, tanto a nivel personal como comercial. Acordamos detenernos en los semáforos y a quién le toca cruzar la calle. Acordamos con nuestros hijos y cónyuges sobre cuándo y dónde ir de vacaciones, y estamos de acuerdo con nuestros clientes cuando deciden utilizar nuestros servicios.

Eres partícipe de un acuerdo silencioso cada vez que vas a un supermercado (o cualquier otra tienda) y tomas algo a cambio de dinero. El acuerdo es que lo que estás comprando logrará satisfacer tus necesidades, y si no lo hace, podrás recuperar tu dinero.

Los abogados existen porque los acuerdos se rompen a diario. Mantén tus acuerdos y respeta a tus clientes, colegas y todas las personas en tu mundo. Este es un principio básico para cualquier negocio, en especial para un empleo-empresario.

* Inspiración

La palabra inspiración significa estar en armonía con lo que deseas para tu vida y con lo que ya existe. Este es el estado mental en el que millones de personas encuentran ideas y conceptos asombrosos que los hacen ricos. Mantente en armonía. Haz de la inspiración tu estado mental permanente. Puedes encontrar inspiración en historias de personas que han superado grandes desafíos, al descubrir como lo hicieron y más importante aún, que son seres humanos, igual que tú.

* Visión

Helen Keller dijo: *"¡Es algo terrible poder ver y no tener visión!"*. Una visión es una imagen mental concebida y producida por nuestra imaginación. Es una imagen de nuestros sueños y las cosas que deseamos tener en nuestras vidas.

¿Cuál es la visión que tienes en mente para tu emprendimiento de empleo-empresario?, ¿Cuál es la vida que quieres crear para ti y tu familia? ¿Qué ves en esa imagen? ¿Quién está en ella junto a ti?

* Carácter

Tu carácter es la base de tu personalidad y tu emprendimiento de empleo-empresario es una expresión de esa misma personalidad. Lo creas o no, al igual que tú, tu emprendimiento de empleo-empresario tendrá un carácter y una personalidad.

* Confianza

Seguramente hayas escuchado a mucha gente decir "no confío en nadie". Pero creo que lo que realmente están diciendo es que tienen miedo de confiar en alguien. Tanto consciente como inconscientemente, todos confiamos. Todo lo que hacemos se basa en la confianza. Incluso cuando tomamos todas las precauciones que puedan existir, seguimos contando con la confianza para permitirnos seguir adelante con nuestros planes o proyectos.

Confiamos en que todo saldrá según lo planeado incluso cuando no sucede como planeamos. Confiamos en que el chef de un restaurante cocinará comidas sabrosas y seguras para nosotros, y confiamos en nuestros amigos para contarles secretos. La confianza nos permite lograr cosas que de otro modo no podríamos hacer si nos dejáramos paralizar por el miedo.

Estos son todos los recursos que están a tu disposición. Utilízalos, hazlos parte de tu emprendimiento de empleo-empresario y observa cómo crece hasta las nubes.

* Relaciones

Nacemos desnudos y dejamos este mundo sin nada. A través de los años que vivimos en el planeta, lo único que nos sostiene son nuestras relaciones. Cuando somos niños nuestros padres nos cuidan y nos alimentan. Cuando somos adultos las relaciones personales y comerciales que vamos creando nos dan lo que necesitamos: compañía, amor, dinero, prestigio, fama, alimentos, techo, conocimientos, amistad, etc.

En los negocios nuestras relaciones deben siempre ser honestas y sinceras. Puede que nuestros seres queridos nos perdonen nuestras transgresiones y errores, pero en los negocios no se perdona tan fácil como en lo personal. Cuida tus relaciones y aplica siempre: **¿Qué hay para ti?**

* Espiritualidad

La espiritualidad es el conocimiento que tienes de ti mismo como esencia inmaterial o vida divina. Mientras más conectado estés a tu espiritualidad más fuerte serás. Tú eres un ser inmaterial viviendo en un cuerpo físico. Todo lo que es tu vida hoy fue creado primero en tu espiritualidad, tu mundo inmaterial y en tu mente. Existe mucha información sobre como conectarnos con nuestra espiritualidad. Muchas personas usan religiones, otras usan meditación mientras que otras solo hacen el bien y no miran a quien. Sea cual sea tu manera de conectarte con tu espiritualidad lo más importante es que estés en comunión con tu mundo espiritual.

* Tu Mente

Tu mente es tu tesoro más preciado. Cuídala como se cuida a un bebe recién nacido. Nuestra mente consume y usa información. La información puede ayudarnos o hacernos daño porque la usamos para tomar decisiones que tendrán consecuencias en nuestras vidas. De la misma manera que no te comerías algo podrido, no pongas información podrida en tu mente, protégela. Hay información podrida por todas partes: en nuestras conversaciones con nuestros familiares, amigos o colegas de trabajo. Encontramos información podrida en la radio, la televisión o en el Internet.

No es difícil reconocer información putrefacta. Este tipo de información te hace sentir mal, te baja el nivel de ánimo y muchas veces te hace sentir que nada tiene sentido. **Rodéate** de gente que te hable de ideas, sueños y proyectos. Gente que desee crecer y vivir mejor, esta gente nunca te traerá información podrida porque ellos la rechazan también.

Esto no quiere decir que la verdad sea negativa, la verdad te puede hacer sentir mal por un momento, pero al final te libera. ¡Cuida tu mente!

* Tus Palabras

Tu palabra es tu varita magica, con ellas tú creas construyes o destruyes. Tus palabras son energía creativa lo mismo que tus pensamientos. Tus palabras expresan tu carácter pero más importante aun, ellas crean tu mundo, tu historia por eso Jesús dijo: "no es lo que entra en la boca lo que contamina al hombre; sino lo que sale de la boca, eso es lo que contamina al hombre." Cuando des tu palabra en tu empleo o en tu vid personal siempre recuerda que estás creando acuerdos, situaciones, promesas y condiciones para aumentar tu salario. Tus palabras son armas de dos filos las cuales te pueden ayudar a aumentar tu propio salario o lo pueden destruir si no cumples con tus palabras.

CAPÍTULO 9
AUMENTA TU SALARIO
CUANDO LO DESEES

«Si fijas en tu consciencia que el deseo que sientes por la posesión de riquezas es uno y el mismo deseo que tiene el omnipotente (Dios) para una expresión más completa, tu fe se vuelve invencible.»
—Wallace D. Wattles

Cuando se trata de tu salario, ignora la cadena de mando que te dice que tu jefe debe ganar más dinero que tú. Un título escolar que solo infla tu ego, no ayuda a pagar el alquiler, la educación de tus hijos o unas vacaciones lujosas. Un aumento que únicamente sigue el ritmo de la inflación no es un aumento real. Si la inflación es del 2% y tu aumento es del 2%, solo te estás manteniendo a la par con la inflación, no te han aumentado nada. No es un aumento, sino un ajuste en el costo de vida. Y, sin embargo, esto suele ser lo que obtienes cuando le pides un aumento a tu empleador: un ajuste que debió hacerse hace mucho tiempo.

Por siglos, cuando un empleado necesitaba un aumento o quería tomarse unas vacaciones, tenía que ir con su jefe y rogarle. Los aumentos o ajustes por inflación solían negarse (por razones injustas o incluso sin razón alguna), causando vergüenza, problemas de autoestima y la pérdida de la noción de valor propio. *"No estoy trabajando lo suficientemente duro"*, pensaba el empleado. *"No soy suficientemente bueno"*, *"simplemente no valgo la pena"*, *"¿Qué voy a hacer?,* *¿Qué voy a hacer?"*

Piensa por un momento: te contrataron porque tienes algunas habilidades o experiencia que tu empleador necesitaba. Tus habilidades mejoran con el tiempo, ya sea a través de un entrenamiento formal o por la experiencia haciendo lo que haces, y sin embargo, tu salario nunca refleja ese crecimiento.

Sin importar cuál sea tu salario como empleado ahora mismo, podrías estar ganando el doble, el triple, el cuádruple, o incluso más. Tienes un conjunto de habilidades que se necesitan en tu área de trabajo. Si no las tuvieras, no seguirías teniendo tu empleo.

Sin duda puedes utilizar tu experiencia para el beneficio de tu empleador y ayudarle a ganar más dinero. Pero también deberías usarlo para tu propio beneficio y el de tu familia y ganar más dinero aumentando tu propio salario.

¿Cómo te sentirías si pudieras aumentar tu propio salario cuando quisieras? Ya sea porque quieres comprar un auto o una casa nueva, un reloj costoso o unas largas vacaciones en un lugar exótico y nuevo, ¿Te gustaría imaginarlo, hacer un esfuerzo y obtenerlo?

¿Qué sentirías si no tuvieras que rogarle a tu jefe para que te aumente el salario?

Tu puedes hacerlo. En este libro puedes obtener el poder necesario para aumentar tu salario tanto como quieras.

Déjame hacerte algunas preguntas. ¿Te contrataron para generar más o menos dinero para tu empleador? ¿Para aumentar o disminuir la producción? ¿Para expandir o reducir el número de productos o servicios dentro de tu compañía? ¿Para mejorar o empeorar el servicio al cliente?

Si pudieras ayudar a tu jefe a mejorar la empresa y ganar más y más dinero, con una producción cada vez mayor, él estaría encantado de aumentar tu salario, pagarte comisiones, darte vacaciones pagas e incluso acciones en su compañía. Si puedes hacerlo rico y darle a entender que eres irremplazable, no tendrá otra opción que mantenerte feliz.

A lo largo de los años, muchas personas han escrito libros sobre cómo obtener un aumento. Prácticamente todos comparten los mismos consejos: trabajar más duro, ser puntual, trabajar en equipo, hacer un esfuerzo extra por la compañía, etc. Puedes adivinar el resto. Pero ninguna de estas estrategias ayuda al empleado tanto como la información de este libro.

No lo olvides: tú te lo mereces. El proyecto de la Revolución Industrial te robó el derecho a la riqueza y esta es tu oportunidad de hacer algo al respecto.

Entonces, **¿cómo aumentas tu propio salario tantas veces como desees?**

El concepto es sencillo. Eres experto en lo que haces y por ello aportas beneficios comerciales a las vidas de las personas, ya sea porque limpies zapatos, atiendas en la recepción de un hotel, seas gerente en una tienda, limpies casas, seas vigilante de seguridad o cajero en un supermercado. Si eres un empleado y tu empleador tiene clientes que le pagan, puedes ganar más dinero como empleo-empresario además del salario que te pagan.

Todo lo que necesitas hacer es convertirte en un empleo-empresario y romper con la falsa creencia de que la única forma de conseguir un aumento en tu empleo es pidiéndole un aumento a tu jefe. Éste, brinda un beneficio a la compañía al igual que tú, no permitas que la jerarquía te confunda. Para hacerte empleo-empresario y aumentar tu propio salario solo necesitas estar dentro de la empresa, y ya los estás. La empresa tiene los recursos que necesitas, no tu jefe. Enfócate en las necesidades y los recursos de la empresa.

Necesitas darte permiso a ti mismo para hacerlo. Hemos sido criados dentro de un sistema social que mata nuestras iniciativas, que corta nuestra ambición de intentar alcanzar la libertad financiera. De niños, nuestros deseos son aplastados por las figuras de autoridad que controlan nuestras vidas. Como adultos, todavía nos regimos por esas mismas figuras de autoridad y la estructura social que nos obliga a ignorar nuestras propias necesidades y deseos. Esperamos en la fila incluso cuando no hay nadie frente a nosotros. Nunca hay nadie frente a ti. No debes competir con nadie por un aumento salarial: hay suficiente dinero en el planeta para ti y para todos si puedes descifrar la verdad: si no usas tu intelecto para aumentar tu propio salario te quedas en la lucha financiera de un salario limitado.

Este es tu propio destino, tu propia vida y tus propias circunstancias. Lo único que se interpone en tu camino es el miedo a obtener lo que deseas. Tu mentalidad basada en la Revolución Industrial te enseñó que si seguías las reglas podías lograr lo que quisieras: trabajar duro, estudiar mucho, subir la escalera corporativa... Pero, ¿quién dijo que hay que subirla de escalón en escalón? ¿Quién dijo que no se puede saltar? ¿Quién dirige tu vida? ¿La mentalidad social?

Quiero darte un ejemplo de cómo los empleados no comprenden las riquezas que los rodea. En 2011, yo trabajaba como intérprete de inglés a español para una empresa estadounidense y una empresa mexicana que comercializaba mineral de hierro (un mineral del que se puede extraer acero y otros productos industriales). Existen muchas empresas en todo el mundo que compran este mineral de una forma u otra para fabricar todo tipo de productos. El mercado es enorme. Pero quiero dirigir tu atención a las comisiones que se pueden generar en este tipo de trabajo.

Durante el transcurso de mi trabajo como intérprete aprendí que si traes a un cliente a la mina y éste firma un contrato para comprar una cierta cantidad de mineral de hierro, obtienes una comisión cada vez que realiza una compra (las cuales se hacen mensualmente). Estas son compras industriales. Estamos hablando de cientos de miles de toneladas de mineral de hierro.

No es ninguna sorpresa ver comisiones de millones de dólares por mes para los intermediarios. Entonces, ¿por qué los empleadores de las minas no aprovechan al máximo estas oportunidades que tienen frente a ellos?

Esto se debe al factor de *"permiso"*. Todos limitan su tarea a la descripción de su trabajo y no ven más allá de esas tareas. En una mina, hay muchos empleados que ejecutan una gran variedad de funciones, desde los secretarios hasta los contables, los gerentes, el equipo de limpieza, los guardias de seguridad, los mineros, los camioneros, los portuarios e incluso los intérpretes. Todo lo que se necesita es encontrar un nuevo cliente para la mina. A la empresa no lo importa quién se lleve la comisión, lo que quieren son nuevos clientes. Ahí es donde se encuentra la gran oportunidad en cualquier industria.

¿Ahora puedes ver el poder de darte a ti mismo el permiso, en vez de esperar? Este es solo un ejemplo: hay cientos y cientos de ejemplos de cualquier industria. La gente trabaja por los pequeños salarios, cuando están rodeados de riquezas que van más allá de su imaginación. Estas riquezas están disponibles para todos los empleados del planeta, pero hay que tomarlas, agarrarlas rápido y sin pedirle permiso a nadie.

Este planeta nos pertenece a todos, hay suficientes riquezas para todos. Lo único que debemos hacer para abrirle la puerta a la gran abundancia es ser útiles, servirle a otras personas, es lo que este libro te presenta como viste en el Capítulo #6: Mi testimonio. No dejes que la sociedad te encasille en un título. Cada persona tiene un valor propio. Desde que naces tienes la capacidad de crear lo que quieras. Si mantienes los ojos abiertos, podrás encontrar las oportunidades adecuadas en cualquier lugar del negocio o industria de tu empleador. Pero para ello debes dejar de comportarte como la sociedad quiere que lo hagas; la sociedad te quiere ver con un cheque y una visión limitada.

¡El título de empleado no significa que tu cerebro deba dejar de innovar y crear! Tú eres un creador creado a la imagen de Dios, no eres un empleado: un

empleado maneja, un creador crea. Si vives en una ciudad y tomas el transporte público para ir a trabajar, estoy seguro de que has visto la siguiente escena: entras en el tren o en el autobús y ves a mucha gente durmiendo otra vez antes de llegar a sus trabajos, donde se despiertan y comienzan a funcionar.

Al final del día, ya están bostezando de nuevo. Cuando llegan a sus casas, comen, miran televisión y se van directo a dormir, para volver a hacer lo mismo al día siguiente. Solo están activos y despiertos cuando necesitan ser empleados de otra persona.

Esta es la mentalidad de los empleados, pero como empleo-empresario tu comportamiento debe ser diferente. Debes mantener la energía y el entusiasmo todo el tiempo para impulsar tus nuevas ideas. Por supuesto, esto será mucho más fácil una vez que comiences a trabajar en el desarrollo de estas ideas y proyectos. Cuando empieces a ver las posibilidades reales de aumentar tu salario tanto como desees, estarás tan activo como una abeja, mientras buscas y piensas en nuevas ideas para atraer clientes al negocio, mejorar procesos, innovar y crear nuevos productos y servicios.

Puedes aumentar drásticamente la cantidad de dinero que generas en tu trabajo, pero necesitas activar tu cerebro y aprender a solucionar problemas. Es un proceso, no es algo que debe estar bien o mal, es aprender sobre la marcha. Solo debes seguir adelante. Ahora, como empleo-empresario puedes usar el tiempo que estás en tu empleo no solo para aumentar la riqueza de tu empleador, sino que también para aumentar tu propio salario. Antes de que te des cuenta, estarás cobrando cheques con cantidades cada vez más grandes de dinero.

CAPÍTULO 10
7 ESTRATEGIAS PARA GENERAR NUEVAS IDEAS

«La función de un negocio es mejorar la vida de sus clientes con sus productos o servicios».
— *Carlos Sano*

¿Qué es una idea? Una idea es un pensamiento que indica una acción, propósito o sugerencia. Aparentemente, una idea no representa mucho, pero cuando la combinamos con nuestros sueños o necesidades, las ideas se convierten en súper héroes que nos salvan la vida, nos alegran el día o nos ayudan a aumentar nuestro salario en nuestros empleos.

En esencia, las ideas son tu materia prima para crear tu imperio dentro del negocio de tu empleador. Lo mejor de todo es que las ideas son gratis. Lo más importante es entender que debes respetarlas cuando te lleguen. Escríbelas, desarróllalas, úsalas para el beneficio de otros, te paguen o no.

Aquí te presento 7 estrategias que te ayudarán a generar y desarrollar ideas para resolver problemas comerciales o personales. No juzgues estas estrategias, ponlas a prueba, dales la oportunidad de que ellas te muestren su poder, si las juzgas te paralizas.

Cuantas veces has escuchado de personas que tienen una idea brillante pero que no hacen nada para desarrollarla y luego ven el producto en la televisión o en los supermercados. ¡Qué dolor!

Usa un cuaderno donde registrar estas estrategias. Así tendrás un lugar céntrico para todas tus idas. Usa tu celular para escribir las ideas que te comenzarán a llegar o escríbelas en un cuaderno que lleves contigo a todas partes. Créeme, las nuevas ideas no te dejarán tranquilo. Cuando te llegue una, nunca pienses: "oh la escribiré después", si haces esto perderás tus mejores ideas, como me ha pasado a mí... ¡escríbelas!

ESTRATEGIA #1: BUSCA PROBLEMAS EXISTENTES QUE NO HAN SIDO SOLUCIONADOS

Las ideas nos llegan por diferentes razones y nunca sabemos cuando nos llegarán. La buena noticia es que no tenemos que esperar a que lleguen... podemos ir a buscarlas. No importa el empleo que tengas o la industria en la que estés, te puedo garantizar que existen problemas que nadie ha resuelto. El ser humano se acostumbra fácil a todo tipo de situaciones. Muchas veces nos olvidamos que existen problemas que no hemos solucionada en nuestras compañías y nos acostumbramos a trabajar y vivir con ellos. Busca estos problemas y mételes el diente. Míralo como un ejercicio.

El primer paso es plantear el problema. *¿Qué área del negocio afecta: ventas, servicio al* *cliente, mercadeo, legalidad, contabilidad, impuestos, automatización?¿Cuesta dinero este problema? ¿Vale la pena solucionarlo?*

¿Cómo y donde puedes encontrar problemas en tu empleo o industria? Escucha las quejas de los clientes, de tus colegas, lee secciones de testimonios (opiniones) de clientes, lee revistas y periódicos en tu industria, mira videos en YouTube, busca problemas en el Internet, la información está en todas partes. Encuentra problemas, búscales soluciones y la búsqueda de estas soluciones te forzarán a pensar y desarrollar ideas.

ESTRATEGIA #2: COMBINA IDEAS USANDO OBJETOS NO RELACIONADOS

Esta estrategia te puede sorprender. Es muy poderosa porque estimula tu mente a funcionar de manera no común. Para este ejercicio toma una hoja de papel. En el centro de la misma cruza dos líneas horizontales de derecha a izquierda. En el lado izquierdo escribe el nombre de un objeto y en el lado derecho el nombre de otro objeto. No importa si son totalmente diferentes. Pueden ser una botella y un carro.

Ahora pon tu celular para que suene la alarma en 15 minutos y comienza a escribir ideas que combinen estos dos objetos. No juzgues lo que escribes, solo escribe sin parar. Usa la parte de atrás de la página si necesitas más espacio. Ejemplo: un carro dentro de una botella.

Tu imaginación quiere servirte, no la límites. Este ejercicio es privado, nadie te puede ver, libérate. No juzgues las oraciones que escribas, solo escribe y analiza después.

ESTRATEGIA #3: ENFOCA TU ATENCIÓN EN EL PROBLEMA

Cuando encuentres un problema escribe una frase corta presentándolo y enfoca toda tu atención en la frase. Analiza la frase y todas las áreas que esta dificultad afecta. Pregunta: ¿por qué este 'problema' afecta las ventas? Cuando respondas, pregunta: ¿por qué? Cuando respondas, pregunta: ¿por qué? Cuando respondas pregunta: ¿por qué?

Este ejercicio te llevará al centro del problema y es muy probable que ahí encentres la solución. La noche y el día son caras distintas de la misma moneda. El problema y la solución se encuentran donde nace cada uno. ¡Practica!

ESTRATEGIA #4: BUSCA IDEAS EN OTRAS PERSONAS

La mente humana es como una telaraña, todos estamos conectados. Para usar esta estrategia solo tienes que hacer preguntas. No tienes que juntarte con nadie para ejecutar esta estrategia, puedes hacerlo por medio de WhatsApp, email, un mensaje de voz o simplemente llamando a un amigo.

No hagas preguntas cerradas, las preguntas cerradas reciben respuestas cortas. Ejemplo: "¿te gusta el mango?" este tipo de preguntas no te sirven. Recuerda que estás explorando y buscando ideas en las mentes y en el subconsciente de estas personas. Siempre haz preguntas abiertas: ejemplo: "¿cuál es tu opinión sobre los mangos?"; esta pregunta obliga a la persona a pensar y a buscar dentro de sí por información que puedes usar en tus proyectos para aumentar tu propio salario. Escucha lo positivo y lo negativo que salga de las personas, no estás haciendo esto para juzgarlos. Este ejercicio es para buscar información sobre algo específico que desees resolver.

Comienza ahora mismo, ponlo a prueba y verás que la riqueza nos rodea a cada momento en la materia prima de las ideas. Solo tenemos que despertar y usarlas para subir nuestro sueldo.

ESTRATEGIA #5: ESCRIBE SOBRE ALGO ESPECÍFICO SIN PARAR

Selecciona una idea o un problema y comienza a escribir todo lo que te llegue a la mente sin parar. Este no es el momento de juzgar lo que escribes, es el momento de escribir todo lo que se te ocurra por el tiempo que tu determines. Las ideas crecen cuando se combinan. Nuestras ideas atraen otras ideas similares y se forman nuevos conceptos, nuevas visiones y perspectivas.

Este ejercicio impulsará tu mente a hacer conexiones y a clarificar ideas en cuestión de segundos, pero tienes que desarrollar ese músculo mental que ha sido atrofiado por la falta de uso. A modo de ejemplo, se puede decir que funciona como tus piernas. ¿Qué pasaría si te sientas en una silla por un año? Los músculos de tus piernas se dañarían y éstas no podrían sostenerte.

Este ejercicio fortalecerá tus neuronas cerebrales para que puedas aumentar tu propio salario en tu empleo lo más rápido posible.

ESTRATEGIA #6: FOTO ENFOQUE

Encuentra una foto y obsérvala. Importa poco sobre qué sea la imagen; lo importante es que tenga muchos detalles. Obsérvala detenidamente y capta todos los detalles. Deja que cada uno se convierta en el centro de tu atención, relaciona cada detalle con otros más de la foto. Tómate tu tiempo, bloquea tiempo para este ejercicio. Observa la foto despacio, como si estuviera en una película que se mueve en cámara lenta. Este ejercicio educará tu mente a poner atención y buscar detalles que muchas personas no podrán ver.

ESTRATEGIA #7: USA EL PODER DE TU SUBCONSCIENTE CUANDO DUERMES

Tu subconsciente es una de las fuerzas más poderosas a las que tienes acceso porque estás conectado a él. Una de las maneras en que puedes usar tu subconsciente es por medio de sugestiones. Por ejemplo: si tienes un problema que quieres resolver o deseas generar una idea, antes de dormir en las noches háblale a tu subconsciente y preséntale lo que deseas. Háblale con autoridad. Ejemplo: *"necesito esto resuelto"*, o *"necesito una idea original sobre esto"*.

Asegúrate de tener lápiz y papel junto a tu cama siempre antes de acostarte a dormir. Si te acuestas a dormir y no tienes papel y lápiz cerca de la cama, levántate consíguelos. Luego de pedirle o sugerirle a tu subconsciente lo que deseas, duérmete. Cuando despiertes puede que una idea o una solución te esté esperando cuando abras los ojos. Escribe cualquier idea o pensamiento en el papel y pon atención a que más te llega a la mente mientras escribes. Esta estrategia es la más poderosa, porque estás buscando en la base de datos de la existencia y la historia humana no solo en este planeta, sino que también en todo el universo.

CAPÍTULO 11
LA FUNCIÓN DE UN
NEGOCIO

*«Si no puedes explicarlo de manera simple,
no lo entiendes lo suficiente».*
— *Albert Einstein*

Millones de personas van a trabajar todos los días, pero la mayoría sabe muy poco sobre la función de una empresa. El negocio de tu empleador es importante para la comunidad, la ciudad y el país en el que opera. Para poner esto en perspectiva, te invito a hacer un pequeño experimento. Cierra los ojos e imagina que ya no existen los negocios en el planeta.

Imagina que cada persona tendría que crear cada servicio y producto para satisfacer sus propias necesidades y deseos: la cama donde duermen, la televisión que miran, la red de tuberías que llevan agua hasta sus casas, sus cortes de pelo, sus manicuras, los vehículos que utilizan para trasladarse (desde coches hasta trenes y aviones) y así sucesivamente.

Como puedes ver en este ejercicio, la cantidad de beneficios que un negocio - incluido el de tu empleador

- aporta a la vida de las personas es incalculable. La función de las empresas es mejorar la vida de las personas a través de los servicios y productos que ofrecen. Una empresa es un ecosistema vivo: nace, crece, se reproduce y termina, tal como la vida de cualquier otra cosa en este mundo.

Tanto para el propietario, para los empleados y para sus clientes, el propósito clave de cualquier negocio es el crecimiento. En ese sentido, una empresa puede estar creciendo o muriendo en cualquier momento. Un negocio está creciendo cuando ayuda a la gente a resolver problemas y continúa innovando para estar a la vanguardia del tiempo. Cuantas más personas logre ayudar, más dinero generará para su propietario y empleados.

Pero las empresas no crecen de la misma forma. Las compañías necesitan toda la ayuda que puedan obtener de sus propietarios, empleados y clientes. Cada uno juega un papel vital en el desarrollo del negocio. El propietario proporciona la visión, el dinero y los recursos para hacerlo funcionar; los empleados proporcionan la fuerza para hacer avanzar al negocio cada día; y son quienes intercambian dinero por los productos o servicios que vende la empresa. El dinero de los clientes mantiene el negocio a flote.

La mentalidad tradicional de hacer negocios limita el poder y el papel de cada uno de estos tres agentes: propietario, empleados y clientes. Sería buena idea pedirle a tu empleador que te cuente la historia de cómo comenzó su compañía. Es muy probable que en su historia escuches detalles sobre creencias viejas y nuevas que limitan el potencial de tu empleador para hacer crecer su negocio. Mientras más sepas sobre el negocio, más puede crecer tu influencia.

Comprende esto: tú puedes ayudar a tu empleador a crear una empresa más grande, sin importar el tamaño que tenga la misma en este momento.

Ahora mismo tú estás limitado a la descripción de tu trabajo; esto evita que el negocio crezca. Pero tu jefe aún no sabe lo que es un empleo-empresario. El rol del cliente también es limitado cuando se trata del crecimiento del negocio. ¿Cuántas veces has oído a tu jefe o a tu compañero —o incluso a ti mismo— decirle a un cliente: *"no hacemos eso"*? Cada vez que escuches esa frase, deberías preguntarte: ¿por qué no? ¿Por qué mi empresa no puede hacer lo que sea que el cliente quiere que hagamos? **Dentro de esa pregunta se encuentra el secreto para tus nuevos emprendimientos.** El secreto inclusive para hacerte rico.

Cada vez que escuches a un compañero de trabajo pronunciar esas palabras, es como si estuviese cerrando el negocio. Cuando un cliente haga una pregunta, escucha. Cuando un cliente manifiesta una queja, escucha. El cliente está tratando de hacer que los productos o servicios de tu empleador satisfagan una necesidad o un deseo de los que todavía ustedes no están conscientes.

La mayoría de los propietarios creen que su trabajo está terminado cuando crean un producto o un servicio. Pero eso es tan solo el comienzo. La función de una empresa va mucho más allá de lo físico, sus productos, sus servicios o la atención brindada al cliente a través de sus empleados. Charles Revson (el fundador de Revlon, una de las compañías de cosméticos líderes en el mundo) solía decirle a sus empleados: *"en la fábrica hacemos lápiz labial. En la tienda, vendemos esperanza"*.

Lo que ofrezca tu empleador debe ir más allá de la simple utilidad de los productos o servicios. Debe ayudar a los clientes a conseguir lo que todos los demás aspiran a hacer: encontrar esperanza, felicidad y satisfacción.

Un negocio existe para ayudar a sus clientes. Tal vez nunca hayas escuchado a una empresa ser definida de esta forma, pero piensa por un momento: cuando quieres comprar un carro y el precio es más de lo que puedes pagar, ¿te das por vencido? ¿O intentas encontrar la forma de ahorrar el dinero que te falta y comprarlo?

Al abrir tu mente y pensar más allá de tus limitaciones y la falta de fondos, puedes alcanzar lo desconocido y encontrar la forma de desarrollarte más. Trabajas más horas, creando así más productos y servicios en beneficio de tu empleador y en beneficio de tus clientes. Pero también puedes mejorar la vida de otras personas al trabajar de manera más inteligente y convertirte en un empleo-empresario... un empleo-empresario lo cambia todo.

La sociedad avanza cada día gracias a todas las empresas que resuelven sus problemas. Como empleo-empresario, deberás enfocarte completamente en los problemas que tengan los clientes de tu empleador y en los problemas de tu empleador. Entre los clientes y tu empleador está tu fortuna. Necesitas descubrir las esperanzas y los sueños que la empresa no está cumpliendo. Y necesitas encontrar formas innovadoras de solucionar esos problemas.

LA FUNCIÓN DEL DINERO

Luego de la Revolución Industrial, el rol del dinero cambió. Pasó de ser un objeto de consumo a un objeto de producción. Se convirtió en una solución capaz de desarrollar todos los aspectos de la vida: familia, comida, entretenimiento, sexo y más. El dinero mejora notoriamente la vida de quienes lo adquieren.

Aunque mucha gente no lo ve de esta manera, estoy aquí para decirte que todos nacemos con dinero. Nacemos en una economía comercial global que utiliza el dinero como base de intercambio y todos tenemos acceso gratuito.

Todos somos libres de usarlo. Pero a pesar de estar rodeados de dinero en nuestro día a día, nuestros sentimientos sobre el dinero suelen ser negativos. El dinero causa miedo, amor, desesperación, esperanza y toda emoción que se te pueda ocurrir. Tus sentimientos respecto al dinero son una buena indicación de la cantidad de dinero que crees merecer.

Tus creencias sobre el dinero afectan todas tus relaciones con él. La principal razón por la que nos sentimos ansiosos por causa del dinero, es porque nos han enseñado que nunca se tiene suficiente o que el dinero es malo. Escuchamos esto por todas partes desde que somos niños: en nuestros hogares, escuelas, iglesias, trabajos, en la calle, en fin, en todas partes.

Si crees en lo que escuchas sobre el dinero, eso afectará la cantidad de dinero que puedes ganar con tu emprendimiento de empleo-empresario. Si te acercas al dinero con miedo y ansiedad, sufrirás las consecuencias. Pero si lo haces con una mentalidad abierta y relajada, entendiendo que el dinero es tu servidor y no tu amo, siempre encontrarás nuevas oportunidades dentro de la empresa de tu empleador para ganar más dinero.

Millones de personas caminan por el mundo con millones de dólares a su disposición. Ya sean unos pocos dólares en sus bolsillos o miles de dólares en sus cuentas bancarias, todos tienen una cierta cantidad de dinero que usan para el goce personal, la satisfacción y la búsqueda de beneficios comerciales. La única función del dinero es la de intercambiarse por un beneficio. Incluso cuando regalas dinero a una organización benéfica o a una persona en la calle, recibes algo a cambio. Recibes el valor moral de la generosidad, el sentimiento de poder marcar una diferencia en el mundo y el de saber que alguien podrá comer ese día.

El dinero que tienes no te pertenece, le pertenece a todos aquellos que te ayudan a mejorar tu vida. El dinero como el aire, el amor o el universo no tiene límite. El dinero, visto desde esta perspectiva, se separa de la creencia de que las riquezas son limitadas y que no hay suficiente para que todos lo disfrutemos.

La mayoría de los propietarios de negocios ven el dinero como algo limitado. Lo ven como algo que deben arrebatarle de las manos a tantos clientes como sea posible. De lo que estas empresas no se dan cuenta, es que los clientes están más que dispuestos a intercambiar su dinero por los productos y servicios que consideren valiosos y beneficiosos.

Los clientes quieren dar su dinero a las empresas porque quieren conseguir cosas que, para ellos, son más valiosas que el dinero. ¡Los clientes quieren mejorar sus vidas! Este es un proceso constante que necesita de una mente abierta y en constante desarrollo como la mente de un empleo-empresario.

¿QUÉ VENDES?

En el momento en que entiendas que no eres solo un vendedor de zapatos, servicios financieros, libros, perfumes, materiales educativos, transporte o cualquier otra cosa, pasarás de ser un simple vendedor de productos y servicios a ser un vendedor de sueños, esperanzas y felicidad.

En realidad, no estás vendiendo un martillo, sino la posibilidad de colgar el cuadro de una nieta, un hijo o una obra de Freddy Javier u Oscar Abreu. No estás vendiendo una aspiradora, estás vendiendo una casa limpia. No estás vendiendo un corte de pelo ni cosméticos, sino la esperanza de encontrar una novia o un marido.

El valor moral y los beneficios que les das a los clientes, representan un beneficio físico, espiritual y mental en las personas a las que les vendes tus productos y servicios. La gente quiere saber cuál es ese beneficio y les toma segundos para saber si están interesados o no.

A tus posibles clientes no les importan las capacidades de los productos o servicios. Lo único que quieren saber es si te preocupas por ellos y si puedes ayudarlos a resolver sus problemas. Ese es el beneficio que buscan en la empresa de tu empleador.

Si solo presentas tus capacidades a los potenciales clientes, estarás haciendo exactamente lo que todos los demás negocios hacen, y terminarás como uno más del montón. Como empleo-empresario, ya tienes los recursos necesarios para ejecutar tus proyectos, pero necesitas desarrollar tu lugar dentro de la compañía y el mercado.

Debes ser muy claro sobre cómo te perciben. ¿Te ven amable? ¿Eres amigable y accesible? ¿Ayudas a tus colegas? ¿Te preocupas por el negocio de tu empleador? La forma en que tu nueva marca personal o posicionamiento transmite tu mensaje dice mucho sobre ti mismo: demostrará tus valores, tus conocimientos, tu cultura, tus creencias y sobre todo tu creencia de que hay para todos. Antes de vender cualquier producto o servicio, debes venderte a ti mismo. Asegúrate de ser alguien a quien un cliente desearía comprar.

CAPÍTULO 12
PRESENTANDO TUS IDEAS

«La gente que sabe de lo que habla no necesita PowerPoint».

— *Steve Jobs*

A los ojos de tu empleador, no eres más que otro empleado. No lo tomes a mal, es así como funciona el mundo corporativo. Para convertirte en un empleo-empresario, deberás trabajar para cambiar esta percepción. La forma en la que te presentas y como presentas tus proyectos deben cambiar esa visión. El éxito de tu nuevo emprendimiento de empleo-empresario depende de ello.

Siempre que se te ocurra una idea que valga la pena desarrollar, crea una presentación antes de mencionársela a tu empleador. Tómate el tiempo necesario para hacer tu tarea y averiguar si la idea puede sostenerse por sí sola.

Para desarrollar presentaciones efectivas, debes seguir un simple proceso. Necesitas crear algo que presente el proyecto de una manera sistemática. Debes mostrar 1) el problema, 2) la solución, 3) la competencia, 4) el mercadeo y las ventas, y 5) tu magnífica ejecución. Claro si tu idea trata sobre ventas, clientes, etc. Si se trata de ahorrar dinero para la compañía entonces sería solo cuestión de mostrar los gastos actuales y como tu idea le ahorraría dinero a la empresa.

Ninguno de estos pasos debería interferir con las operaciones de tu jefe o con tus deberes como empleado, sino mejorar el negocio. Recuerda que tu jefe está invirtiendo y quiere ver aumentos en las ventas en el menor tiempo posible. Esta es tu idea, no la idea de tu empleador.

Veamos cada paso con lujo de detalles:

EL PROBLEMA

Encontrar problemas no es difícil. Normalmente lo hacemos de forma automática. Buscamos defectos en todo. Cuando conocemos a alguien, buscamos un defecto. Cuando visitamos una casa, notamos la grieta en la pared. Lo normal es quejarse, pero tú necesitas ver los defectos y los problemas por lo que realmente son: oportunidades para aumentar tu salario.

Asegúrate de comprender todos los detalles. *¿Cómo se está abordando el problema actualmente? ¿Qué soluciones se están implementando? ¿Cuáles son los costos para la empresa en términos de tiempo, dinero y recursos? ¿Cuánto podría ahorrar o ganar la empresa si el problema desapareciera mágicamente? ¿Qué deberías hacer para que eso suceda?*

Sigue haciéndote preguntas y asegúrate de tener las respuestas o al menos una suposición. No siempre encontrarás todas las respuestas, pero las que son indiscutibles deberán formar parte de tu presentación.

LA SOLUCIÓN

Si tu jefe conoce el problema, probablemente ya haya pensado en soluciones. Debes anticipar las razones por las que no se están aplicando las soluciones obvias. ¿Son demasiado caras? ¿Puedes encontrar una manera de implementarlas a un costo menor? ¿La empresa no tiene suficientes recursos? ¿Hay innovaciones que hayan creado otras personas que tu jefe no conozca? ¿Puedes aportar nuevos conocimientos que ayuden a encontrar la solución?

La solución debe ser fácil de entender. Cuando creo un logo para cualquiera de mis proyectos, lo primero que hago es mostrárselo a mis hijos. Si no pueden ver el mensaje de inmediato, sé que tengo que seguir trabajando hasta que esté claro como la luz del día. Simplifica las ideas centrales y luego profundiza en los detalles, pero primero debes atraer a tu audiencia con la presentación.

LA COMPETENCIA

Puede que la solución se trate de un producto o servicio que tiene una fuerte competencia en el mercado, pero eso no debería detenerte. ¡Puedes hacerlo de otra manera! Jack Dorsey y Noah Glass cofundaron Obvious, una empresa que tiene como objetivo proporcionar servicios de podcast (una transmisión digital de audio o video).

Cuando Apple lanzó iTunes, Dorsey y Glass se dieron cuenta de que no podían competir. Entonces, comenzaron a buscar formas de utilizar su tecnología de una manera diferente y así es como nació Twitter. Nuevas ideas pueden ser desarrolladas incluso cuando la competencia parece invencible.

MERCADEO Y VENTAS

Presenta tu plan de ventas y mercadeo de manera sencilla. Debes explicar cómo planeas introducir el producto o servicio en el mercado, o al menos cómo la empresa debería presentarlo. Es posible que tu empleador ya conozca la mejor manera de presentar el producto o servicio, pero seguramente querrá saber si hiciste tu tarea. No dejes esta tarea en las manos de tu jefe, es tu proyecto y tú debes entregarlo completo.

LA EJECUCIÓN

El plan de ejecución debe incluir todos los detalles sobre lo que necesitas de tu empleador en términos de participación del personal, recursos y cantidades de productos y servicios.

Tu empleador quiere saber cómo estarás presentando la empresa en el mercado, qué estás diciendo y cómo lo estás diciendo. Trabaja con tu empleador para estar en la misma página: él tiene derecho a controlar cómo se presenta su empresa.

SOBRE EL DISEÑO

No comprometas la presentación. Si no eres un diseñador experto, contrata a uno para que cree tus presentaciones. En el mundo empresarial actual, el diseño a veces puede desempeñar un papel aún más importante que el producto en sí.

Si tienes un buen producto, pero no tiene un buen empaque, probablemente no se venderá. El diseño es comunicación. La gente está bien informada sobre el diseño desde que Apple revolucionó la presentación de productos. Es posible que tu empleador o jefe se encargue del diseño del producto, pero debes demostrar en la presentación que tú tienes la capacidad de hacerlo si fuese necesario.

Toda empresa con éxito es consciente del poder del diseño como comunicador de calidad. Hay muchos libros y materiales sobre cómo crear presentaciones efectivas. Aquí hay algunas herramientas que encuentro increíblemente útiles al momento de crear mis propias presentaciones:

— La Presentación Perfecta, Niclas Weidt (Autor)

— *Microsoft PowerPoint* (aplicación para crear presentaciones).

— *Visual Thesaurus* (diccionario de sinónimos)

Con estas herramientas puedes convertirte en un genio de las presentaciones siempre y cuando practiques, practiques y practiques. Por último, si deseas que tu empleador se sienta cómodo en los primeros 3 minutos de tu presentación, ofrécele un proyecto libre de riesgos y una garantía sólida incluso antes de comenzar la exposición. Tu empleador o jefe es un ser humano, todos estamos siempre escaneando el peligro en todo, por lo que elimínalo de su mente tan pronto como puedas al principio de la presentación.

La reversión del riesgo es el acto de asumir todo el riesgo de cualquier transacción comercial. En los negocios, y en la vida en general, se nos ha enseñado que para ganar, alguien tiene que perder. Abordamos todas nuestras negociaciones comerciales con esta mentalidad. Pero no tiene por qué ser así.

Puedes eliminar el riesgo para tu empleador y facilitarle que diga que sí a tu plan. Explícale que no hay riesgo alguno para el negocio y ofrécele una garantía completa: "si no gano X dólares para la fecha X, usted se queda con todas las ganancias". Dale a tu empleador una garantía audaz y extrema.

Debes estar dispuesto a ponerlo por escrito. Este tipo de garantía le dirá a tu empleador que estás absolutamente comprometido con el proyecto y que traerás ingresos a la empresa. Una propuesta en la que todos ganan es una propuesta a la que ningún empleador se podría resistir.

CAPÍTULO 13
TU MARCA PERSONAL
ES DINERO

«Cuando la voz y la visión del interior se vuelven más profundas, más claras y fuertes que las opiniones del exterior, habrás dominado tu vida».

— John Demartini

La marca personal y las redes sociales (de boca en boca) han conquistado el mercado. Hoy en día, hay individuos con más seguidores que corporaciones multi-millonarias, La gente no quiere seguir a las empresas, quieren seguir a seres humanos reales. Tú puedes crear un seguimiento social más grande que la empresa de tu empleador. Todo lo que necesitas es presentarte con autenticidad, traer tu propia personalidad y ser real con el tema que hayas escogido.

La principal razón por la que la gente de hoy en día, en la era de las redes sociales, quiere conectarse con otras personas es que quieren experimentar algo genuino y real. La gente está cansada de marcas corporativas y publicidad de empresas a las que no les importa la opinión de sus clientes. La gente ya no quiere escuchar mentiras y discursos egoístas y centrados en las compañías.

La marca personal es tan importante hoy en día que muchas empresas buscan desesperadamente personas en las redes con muchos seguidores para que las representen y así poder llegar al público deseado. En 2011, Will.i.am, productor musical y líder del grupo musical The Black Eyed Peas, fue nombrado Director de Innovación Creativa de Intel. Si, lo que lees es correcto.

Esta decisión tomada por la compañía Intel - el popular fabricante de chips de computadoras - es testimonio de que la marca personal en las redes sociales es fundamental, incluso para las empresas más grandes.

Si los individuos son las nuevas marcas y las nuevas caras de las corporaciones del futuro, ¿qué significa eso para ti como nuevo empleo-empresario? Significa que puedes construir tu emprendimiento de empleo-empresario con tu propia personalidad y marca. La belleza de crear tu propia marca es que puedes existir de forma completamente independiente del negocio de tu empleador. Tu marca personal se trata de ti y puede viajar contigo incluso si algún día dejas tu trabajo.

Los aspectos personales y comerciales de la vida ya no están tan separados como antes. Las personas integran el trabajo en sus vidas de nuevas formas. Para muchos, no hay diferencia entre lo que hacen para trabajar y lo que hacen para divertirse. El trabajo se está volviendo algo alegre, interesante, desafiante y gratificante.

Lawrence Pearsall Jacks quizás lo dijo mejor:

El Maestro en el Arte de Vivir apenas distingue entre sus obligaciones y sus hobbies, su trabajo y su pasatiempo, su mente y su cuerpo, su educación y su recreo, su amor y su religión. Apenas puede distinguir cuál es cuál. Él simplemente persigue su visión de la excelencia en todo aquello que hace, dejando a los demás que decidan si está trabajando o jugando. Para él, siempre está haciendo ambas cosas.

Las personas de todo el mundo buscan significado en sus trabajos, vidas personales y relaciones. El trabajo ya no se trata solo de dinero. También se trata de encontrar significado y placer. La gente de hoy no perdura en trabajos que son aburridos y sin vida. Pero para un empleo-empresario, ¡ningún trabajo es aburrido! Porque tú creas tus propios desafíos y tu propia combinación de negocios y placer, y puedes encontrar oportunidades en cualquier entorno comercial. Tu trabajo como empleo-empresario es una aventura cada día.

Tu marca personal es fundamental para ayudarte a lograr tus objetivos profesionales. Pero tienes que destacarte entre la multitud. Hubo un tiempo en que la gente temía mostrar su individualidad. En algunas sociedades, este puede ser el caso, pero si vives en un país occidental moderno, tu propia individualidad puede ser tu pase para crear una marca personal notable.

Tienes rasgos personales, habilidades y características que ningún otro ser humano del planeta posee. Encuéntralos, perfecciónalos y muéstraselos al mundo. Crear tu marca personal es como crear una obra de arte nueva.

Tu marca personal debe tener un propósito: ¿por qué haces lo que sea que haces? Debe tener una visión: ¿a dónde pretendes llegar? Debe tener valores: ¿para qué vivirías o morirías?

Mostrarte como una persona única y auténtica es la mejor herramienta de mercadeo hoy en día. Las empresas más importantes del mundo se están dando cuenta de que las marcas personales son una nueva ventaja y, cada vez más, están vinculándolas a causas significativas para mejorar su posición social.

Si tienes una marca sólida, a los ojos del mundo y de todos tus clientes potenciales, tienes valor social y beneficios comerciales tanto para tu empleador como para ti mismo. Tus recomendaciones y opiniones son valoradas y la gente te escucha. Te conviertes en un asesor de confianza y las empresas y las personas quieren estar cerca de ti y absorber tu sabiduría.

Tu marca personal te ayudará enormemente a la hora de aumentar tu salario, conseguir clientes, conseguir referencias e incluso expandirte a nuevas industrias. Tal como ha dicho el Dr. John Demartini, deja que tu propia voz y visión se conviertan en tu gran mensaje. Tu marca personal va contigo no importa donde esté: en la calle, en tu trabajo, en YouTube o en tu casa.

CAPÍTULO 14
EL NUEVO CONSUMIDOR

«*La fase más peligrosa del lenguaje en negocios es 'siempre lo hemos hecho así*».
— *Grace Hopper*

Seguramente has escuchado la frase «el cliente siempre tiene la razón», pero ¿has escuchado la que dice «*el cliente tiene el control*»?

Bueno, el cliente realmente tiene el control, y mientras más rápido lo aceptes, más rápido crecerá tu emprendimiento de empleo-empresario. Lo más probable es que uses el sistema de servicio al cliente de tu empleador para tus proyectos; de no ser así, necesitas crear una plataforma para servirle a tus clientes: con respuestas activas, respeto por su tiempo, una fácil accesibilidad a productos y servicios y soluciones rápidas. Si no haces estas cosas de manera constante, perderás los clientes que puedas llegar a conseguir. A veces, necesitarás elevar los estándares de servicio típicos de tu empleador para que tu emprendimiento tenga éxito, pero cualquier cosa que hagas para mejorar el negocio de tu empleador también lo beneficiará. Recuerda que incluso si tienes al personal de tu empleador trabajando en tus proyectos, los clientes te verán como la persona a quien acudir para cualquier cosa que puedan necesitar más allá del servicio al cliente normal... serás una especie de manager.

En el pasado, las empresas solían crear sus propios productos y servicios sin ningún aporte de los consumidores. Hoy en día, las compañías dan la bienvenida e incluso buscan información de los consumidores antes de lanzar sus productos y servicios. El consumidor ha adquirido un poder increíble porque el mundo ha pasado de la producción y consumo en masa al consumo individual; estos consumidores quieren atención y aspectos del producto o servicio que los identifique como personas individuales y no como un número más dentro de las multitudes de clientes.

¿Por qué es tan importante que comprendas esto como empleo-empresario? Es importante porque, como empleado, puedes estar encargado de un solo aspecto de la compañía, pero como empleo-empresario, tu función cambiará y se extenderá más allá de la descripción limitada de tu trabajo. Esto te convertirá en un gerente para los clientes que traerás al negocio de tu empleador. Debes comprender y estar al tanto de la experiencia del cliente, porque ellos acudirán a ti si algo sale mal. Claro, esto es si estás al frente del proyecto, puede que tu empleador lo haga parte de lo normal de las actividades corporativas del negocio.

De ser así, entonces tu función sería diferente. Nada está escrito, tú y tu empleador deciden cómo funcionaría todo; lo importante es someter proyectos para aumentar tu salario.

Quiero comparar a los consumidores de ayer con los consumidores de hoy para que así puedas ver las diferencias y tener una mejor comprensión de lo que se puede esperar de los clientes y su comportamiento.

Estas comparaciones también te ayudarán a encontrar nuevas ideas de productos y servicios que aumentarán tu salario. También te permitirán ver lo que quieren comprar los clientes y prospectos y cómo quieren recibirlo.

BUSCADOR DE GANGAS VS. BUSCADOR DE BENEFICIOS

El consumidor de ayer buscaba descuentos. Quería los precios más bajos posibles y no le importaba mucho si el producto era de buena calidad o sus beneficios, siempre y cuando pudiera satisfacer sus necesidades más urgentes. El consumidor de hoy es diferente. Es un buscador de beneficios e individualidad. Quiere encontrar las mejores soluciones posibles y está dispuesto a pagar por ellas. Tiene muchas opciones para elegir y no se le puede obligar a comprar nada que no quiera. Hoy a los consumidores no se les puede intimidar con presiones o insistencias para que compren... esto ya no funciona. Antes, los vendedores insistían hasta que los clientes cedían y compraban; hoy no. Los consumidores de hoy en día son más sabios y están más informados. Ellos quieren ser mimados, atendidos y reconocidos como socios importantes del negocio. Si les ofreces productos y servicios que no pueden encontrar en ningún otro lugar, serán tus clientes leales.

ESPERAN LAS SOLUCIONES VS BUSCAN
LAS SOLUCIONES

Los consumidores del ayer esperaban por soluciones de las empresas que idolatraban. Como empleado, muchas veces habrás escuchado a un cliente pedir nuevos productos o servicios o quejarse de los existentes. Probablemente, puede que las quejas de los clientes te hayan resultado molestas y frustrantes. Sin embargo, como empleo-empresario, debes comprender que un cliente que se queja es un cliente que está esperando a que tu empleador encuentre una solución a su problema.

El consumidor actual, rápidamente encuentra otro negocio al que entregar su dinero o, mejor aún, crea la solución él mismo (y, a veces, incluso inicia su propio negocio). Tomemos el caso del fundador de Netflix, Reed Hastings. Después de regresar de unas vacaciones, se dio cuenta de que no había devuelto sus DVD de Blockbuster y tuvo que pagar una multa de 40 dólares. Esto no le gustó y pasó a crear una solución a su problema: Netflix. Hoy en día, Blockbuster ya no existe mientras que Netflix prospera. El nuevo consumidor no espera. Si tú, como empleo-empresario puedes detectar y responder rápidamente a este tipo de oportunidades o problemas, no tendrás límites en los proyectos que puedes iniciar.

CONFIAR EN LA PUBLICIDAD VS.

DESCONFIAR DE LA PUBLICIDAD

Si una empresa decía algo en su publicidad, el consumidor del ayer lo creía. No estoy insinuando que los publicistas mientan, sino que simplemente describo las creencias del pasado. Esos eran los días de la producción en masa, cuando la publicidad en televisión y radio eran el único entretenimiento de la ciudad. La gente estaba asombrada por la tecnología y todo lo que se decía era cierto, asombroso y totalmente creíble.

Los consumidores de hoy no creen en la publicidad. Cualquier cosa que digas, ellos querrán verificarlo con otras personas que han utilizado tus productos y servicios. No hay confianza en las empresas. Esta es la razón principal por la que las marcas personales se están volviendo tan poderosas e importantes. Los consumidores quieren tener gente real hablando y vendiéndoles. No quieren las sonrisas falsas de las modelos pagas en la televisión. Quieren autenticidad. Como empleo-empresario, deberás ser auténtico y genuino para tener éxito con los nuevos consumidores.

CONFIA EN ANUNCIOS VS. DESCONFIA DE LOS ANUNCIOS

Los consumidores del ayer confiaban en la información mostrada en los productos. Los consumidores de hoy han perdido esa confianza, porque por mucho tiempo las empresas les han mentido. Si los clientes son los que apoyan los negocios con sus compras, las empresas deberían tomar más en serios la relación. Una relación basada en una confianza sólida es beneficiosa para ambos: consumidor y empresa. Pero a lo largo de la relación, los dueños de negocios, inversionistas y otros ejecutivos del mundo empresarial, se volvieron codiciosos y comenzaron a abusar de la relación empresa/consumidor. Hoy en día, la mayoría de negocios tienen que acudir a personalidades famosas o con muchos seguidores en redes sociales para que la gente vuelva a confiar en ellos.

POCAS OPCIONES VS. MUCHAS OPCIONES

Vivimos en un mundo conectado. Hoy, si vives en Alemania y deseas comprar un producto de Brasil, todo lo que tienes que hacer es conectarte en línea, realizar el pedido y elegir el tipo de entrega. Puedes comprar lo que desees en cualquier parte del mundo y recibirlo de la manera que elijas. Puedes obtener cualquier cosa que desees del mercado local con la misma facilidad con la que puedes obtenerlo del mercado global.

En el pasado, el consumidor estaba limitado, tenía el dinero, pero las opciones eran escasez. Hoy en día si deseamos comprar cualquier producto o servicio, tenemos muchas opciones o empresas donde podemos comprar al instante. Ahora, solo tenemos que sentarnos en el escritorio, conectarnos al Internet y comprar.

DESCONECTADOS VS. CONECTADOS

Los consumidores de ayer estaban aislados y desconectados. No podían verificar la veracidad o el rendimiento de los productos o servicios que compraban porque no tenían ningún tipo de contacto con personas que habían comprado o quieran comprar los mismos servicios o productos.

El consumidor de hoy está conectado al Internet. Como ya sabes, esta red opera las 24 horas del día y los 365 días al año. Hay organizaciones que protegen a los consumidores, como El Movimiento de Defensa de los Consumidores en América Latina y el Caribe, u organizaciones nacionales como Better Business Bureau (en los Estados Unidos: bbb.org).

Algunas de estas empresas protegen a los consumidores del fraude y brindan información sobre leyes y regulaciones. Sin embargo, la mejor y más eficaz forma en que los consumidores se protegen es leyendo testimonios (opiniones) escritos por otros consumidores sobre los productos y servicios que desean comprar. Estos testimonios (opiniones) provienen de lo que hoy se conoce como «contenido agregado por el consumidor». Son comentarios que los consumidores escriben y publican en páginas web públicas como Yelp, Zagat, Facebook, Twitter, Trip Advisor y muchos otros. En Latinoamérica, cada país tiene páginas web donde puedes encontrar opiniones de clientes. Solo tienes que hacer una búsqueda con el nombre de la compañía o el producto que deseas comprar.

Los consumidores publican comentarios sobre sus experiencias, tanto buenas como malas, con determinadas empresas. Trip Advisor, por ejemplo, es un sitio de contenido agregado por consumidores de la industria hotelera (hoteles, restaurantes, *spas*, moteles, etc.). Este sitio web ha cambiado esta industria a nivel global. Trip Advisor ha forzado a muchos negocios turísticos a mejorar sus productos y servicios porque las opiniones negativas afectan las ventas. Saben que si los clientes publican comentarios o críticas negativas sobre sus negocios, todo el mundo tiene acceso a esta información.

Las empresas de la industria hotelera han actualizado todo, desde la infraestructura, los productos y los servicios hasta la forma en que presentan sus ofertas al público. Todas estas empresas se están adaptando a la nueva realidad del mercado: el cliente tiene el control.

Como empleo-empresario, tus proyectos deben tomar esta realidad en cuenta. Puede que no al nivel de una gran empresa u organización, pero ten la seguridad de que personas que no conoces se enterarán de los productos y servicios que ofreces y decidirán si compran o no por las referencias de otros clientes.

CAPÍTULO 15
CREANDO PRODUCTOS
Y SERVICIOS

«Fijar en tu mente que la riqueza viene solo de tres lugares: 1) la gente 2) la naturaleza y 3) las ideas».

— *Carlos Sano*

Independientemente del tipo de negocio que tenga tu empleador, hay dos áreas que debes vigilar como un águila y tener en cuenta al momento de desarrollar nuevos productos, servicios o innovaciones: 1) **el aumento de los ingresos**, donde se invierte dinero para crear nuevas oportunidades comerciales y 2) **los gastos generales comerciales**, donde se gasta dinero para mantener las operaciones comerciales.

Si prestas atención a estas dos áreas, encontrarás oportunidades increíbles para ganar o ahorrar dinero para tu jefe.

Cualquier nuevo servicio, producto o innovación tendrá un impacto directo en el negocio dentro de una o varias áreas. De cualquier manera, ganarás más dinero para tu empleador o le ahorrarás dinero que está usando actualmente con tus proyectos. Los aumentos en los ingresos y las disminuciones en los gastos generales siempre son bienvenidos por los dueños en cualquier negocio.

El aumento de los ingresos (más clientes, productos y servicios e innovaciones) tiende a ofrecer una gama más amplia de oportunidades, ya que esta área no se encuentra limitada por los servicios y productos que tu empleador debe usar en el negocio para que funcione sin problemas.

En términos de aumento de ingresos, no hay límites. Tu empleador nunca podrá acaparar y controlar todo el universo de oportunidades y recursos para hacer crecer su negocio por sí mismo. Aquí encontraras la mayor cantidad de oportunidades de ganar dinero para ambos: tú y tu empleador.

Pero hablemos primero de los gastos generales del negocio, esos gastos en los que se invierte dinero para mantener el negocio funcionando. Ahorrar dinero implica que un producto o servicio se compra a un precio particular y que podría existir un precio mejor. Encontrar esta opción más económica para el mismo producto o servicio es una manera fundamental de ahorrarle dinero a tu empleador.

Toma esta carta como ejemplo:

Estimado jefe,

Sé que está comprando harina para el pan que hacemos aquí a 5 centavos por encima del precio del mercado porque el suministro que obtenemos es constante y

*confiable. ¿Qué pasaría si pudiera ayudar-
lo a ahorrar 7 centavos en cada libra? Se-
guiríamos manteniendo la confiabilidad y
consistencia que nos ofrece el proveedor
que tenemos ahora. Además, nos garanti-
zan el precio por el tiempo establecido en el
contrato. Pero, hay más, en lugar de tener
que recoger la harina y gastar tiempo y
dinero en gasolina, ¿qué pasaría si nos en-
tregaran la harina aquí en la puerta del negocio sin costo extra?*

*Ahorraría cientos de miles de dólares cada
año. Ahora bien, ¿qué porcentaje del ahorro
le daría a la persona que podría traerle este
nuevo proveedor?*

Sinceramente,

*Juan Juanso,
empleo-empresario*

¿Suena imposible? Este tipo de acuerdos ocurren
todos los días en todo el mundo. Pero no lo hacen los
empleados, lo hacen consultores que vienen donde tu
empleador y tienen que aprender información que tú
ya sabes. Solo asegúrate de haber declarado tu posición como empleo-empresario antes de comenzar este
tipo de conversaciones, porque no querrás parecer in-
grato e incluso desleal con tu empleador. Después de
todo, te está haciendo un favor al darte un trabajo;
es muy posible que piense que debes ser agradecido
y leal y brindarle todas las oportunidades que puedan ayudar a la empresa sin esperar compensación

alguna a cambio. La mayoría de los empleadores no ven (o prefieren no ver) los beneficios que los empleados aportan a sus empresas. Para ellos, los empleados son gastos en lugar de inversiones. Demuéstrales que están equivocados al convertirte en un empleo-empresario y ayudarlo a aumentar las ganancias del negocio.

Este es solo un pequeño ejemplo de cómo encontrar un área dentro del negocio de tu empleador donde se puede ahorrar dinero. Puedes aplicar este concepto a la factura de electricidad, los impuestos, servicios de contabilidad o de limpieza, suministros de alimentos y bebidas, gastos de *mercadeo y* publicidad y mucho más. Encuentra las áreas en las que se gasta el dinero y, sí puedes ayuda a tu jefe a ahorrar dinero, pero no olvides asegurarte de recibir una compensación por tus esfuerzos como empleo-empresario.

Veamos ahora los aumentos de ingresos: invertir dinero para crear nuevas oportunidades comerciales. Conseguir nuevos clientes, crear nuevos productos y servicios y llevar la innovación a la empresa no son solo los dominios de la gerencia; cualquier persona dentro de la compañía puede desarrollar proyectos para aumentar los ingresos utilizando los recursos de la misma, es solo que nadie lo hace. Tú, ahora mismo, como empleo-empresario, puedes conseguir un cliente multimillonario para tu empleador o crear un producto o servicio que puede vender millones de dólares.

Todo lo que pueda ayudar a aumentar los ingresos de la empresa de tu empleador está disponible para ti y tienes acceso a ello porque no se encuentra bajo el control de nadie.

Por ejemplo:

Estimado jefe,

Estaba de vacaciones con mi familia en Singapur la semana pasada y conocí a John Smith. John tiene un negocio único en el que usa plástico derretido para crear formas excepcionales. Ellos ponen el plástico en un líquido frio muy similar al que producimos aquí en nuestra fábrica.

Le pregunté un poco más sobre su negocio y descubrí que la solución de fluido helado que está usando no es rentable y los resultados no son ideales. Nuestro producto puede funcionar mejor. Solo tendríamos que hacer una modificación. John incluso se ofreció a cubrir el costo de esa modificación si estábamos dispuestos a comenzar a probar en este año.

John está listo para comprar media tonelada de nuestra solución de líquido frio cada mes, si nuestro producto demuestra ser más rentable que el que está usando actualmente, con resultados equivalentes o mejores.

¿Qué porcentaje de estos nuevos ingresos le daría a la persona que pudiera traerle este nuevo cliente?

Sinceramente,

Juan Juanso,
empleo-empresario

Como verás, la pregunta está en tercera persona; esto se debe a que si acabas de comenzar tu emprendimiento de empleo-empresario, tu empleador solo te verá como un empleado y le costará admitir que te mereces una cantidad sustancial de dinero. Sé flexible pero también comprende que podrías aportar miles, o incluso millones de dólares en ingresos adicionales a la empresa de tu jefe.

Este es tu punto de negociación más fuerte: le traerás clientes «gratis» en los que tu empleador no tendrá que gastar dinero porque tú estarás usando tu propio dinero para viajar, mercadearte, crear nuevas conexiones en eventos o asistir a conferencias. Esto te dará el poder de obtener una mayor parte de las ganancias, una situación y posición muy diferente a la de solo ser un empleado. Como empleado se te paga un salario fijo por lo que haces y ya, pero esto es diferente, aquí estarías en una posición donde el potencial de aumentar tus ingresos no tendría límites. Claro, solo aquellos limites que tú le pongas a tus ingresos.

Puedes crear todo tipo de proyectos, sin parar, de día y de noche, usando tu imaginación, ingenio y creatividad. Si conviertes tu trabajo en un laboratorio de pruebas e integras los pasos explicados a lo largo de este libro en la solución de problemas para tu empleador, vivirás una vida que nunca imaginaste. No se trata solo de ganar más dinero, sino que también de mejorar tu relación laboral con tus colegas, tu jefe, socios de la empresa, clientes, etc.

A continuación, te mostraré cómo encontrar soluciones a problemas y desarrollar productos y servicios en cuatro pasos sencillos:

1. Identifica el problema.
2. Reúne información.
3. Filtra la información.
4. Desarrolla tus productos o servicios.

IDENTIFICA EL PROBLEMA

La gente se queja de los problemas, pero muy pocos tratan de encontrar soluciones. Encontrar soluciones a los problemas que faciliten la vida de todos es un gran negocio, y tú tienes todo lo necesario para hacerlo en el lugar donde trabajas.

Los productos fallan o se vuelven ineficientes, los servicios no cumplen sus promesas y los procesos deben actualizarse. Estas deficiencias causan problemas a las empresas. Un problema suele ser un obstáculo para el progreso. Todas las empresas del mundo tienen inconvenientes y pagan mucho dinero a cualquiera que los resuelva. Usualmente las personas que resuelven estos problemas son consultores de afuera, pero tú estás adentro. Tú tienes más influencia y confianza con tus jefes y empleador.

Estos tres pasos te ayudarán a identificar problemas en tu compañía.

1. Investiga Los Sufrimientos Que Causa El Problema

Un problema causa sufrimiento para clientes y pérdida de ingresos en los negocios. Con «investigar el sufrimiento» me refiero a escuchar las quejas de tu empleador, compañeros de trabajo y clientes para encontrar la causa principal del problema que los afecta y de ahí encontrar una solución. También puedes observar la fluidez de los procesos de transacciones, servicio al cliente, entrega de productos y servicios, etc., ahí también puedes encontrar problemas que resolver.

2. Verifica Las Consecuencias Aceptadas Por Todos

Otra forma de identificar problemas es confrontando las consecuencias. Los efectos de muchos problemas se aceptan y nunca se cuestionan porque nadie ha encontrado una solución, o simplemente porque así han sido las cosas durante mucho tiempo porque todos se rindieron. Encuentra esas consecuencias silenciosas y culturalmente aceptadas de las que nadie se queja; sin duda tendrán las mayores recompensas. Esto requiere un pensamiento analítico y un alto nivel de atención, pero es posible.

3. Actualiza Tu Conocimiento De Las Leyes Y Regulaciones

Las leyes y regulaciones también representan problemas y limitaciones para el desarrollo comercial. Tu empleador no puede mantenerse al día con todo lo relacionado con su negocio. Es imposible. Puede tener cierto control dentro de la empresa, pero lo que sucede fuera de la empresa es otra historia.

Infórmate sobre las leyes y regulaciones que afectan el negocio e intenta ver si puedes encontrar formas de eludirlas sin violar esas leyes. Las ideas e innovaciones que no pudieron ser implementadas en el pasado podrían ser viables con el paso del tiempo y la aprobación de nuevas leyes. Recuerda: cuando traigas un proyecto a tu empleador trata de cubrir todas las situaciones que pudieran afectar al mismo... es tu proyecto al fin y al cabo.

Cuando encuentres un problema de cualquier tipo, no te quejes. Míralo como un rompecabezas que necesita una respuesta, una pieza más. No reacciones como lo hacen la mayoría de los propietarios de negocios y empleados en general. Abre tu mente. Intenta ver el mundo de otra forma y todo será una aventura de conocimiento y ganancias potenciales para ti.

REÚNE INFORMACIÓN

Una vez que identifiques un problema, obtén la mayor cantidad de información posible. Nuestro subconsciente es increíblemente hábil para resolver problemas cuando sabemos cuál es y le damos la información necesaria. Por lo tanto, recopilar información para resolver una situación en particular es el segundo paso, después de haber identificado la misma.

Hay dos tipos de información: general y específica. Al recopilar información para resolver un problema en particular, siempre es una buena idea comenzar con una perspectiva de información general y luego pasar a recopilar tanta información específica como sea posible. La general lo incluye todo, desde observar diferentes modelos de negocio y leer una gran gama de temas para tratar de ver los puntos de vista de otras personas con relación al problema. Esto abrirá nuevas posibilidades (e incluso mercados) para las soluciones que estás tratando de encontrar, porque una solución puede tener muchas aplicaciones.

La información específica incluye todo lo que está directamente relacionado con el problema específico que encontraste. Hay muchos lugares y fuentes que puedes utilizar para obtener información específica; sin embargo, cuando se busca información para un problema en particular, el primer lugar para comenzar es con personas reales. Las personas tienen la información real porque son las personas afectadas por el problema. Ellos pueden brindarte relatos personales y de primera mano de las consecuencias del inconveniente. Te brindarán información objetiva y relevante que te orientará hacia el camino correcto... siempre y cuando hagas las preguntas correctas. ¿A quién afecta y por qué? ¿Qué se ha experimentado para resolverlo en el pasado? Etc...

Entrevista personas. Empieza con preguntas emocionales: ¿cómo se siente al no poder...? ¿Cuándo lo necesitas más? ¿Cómo afecta tu vida o la vida de tus seres queridos? ¿Cómo lo afrontas sin tener la solución adecuada?

Sigue investigando más profundamente. Crea preguntas basadas en las respuestas que te den. La autora Karen Cushman lo dijo mejor: *"creo que a veces las personas son como cebollas. Por fuera son suaves, completas y simples, pero por dentro, capa tras capa, son complejas y profundas"*. Ve más profundo si quieres encontrar el oro (información ideal). No lo encontrarás en la superficie. Pon atención a todas las palabras que sugieran o indiquen sufrimiento, frustración o lo contrario: esperanza y felicidad.

En esencia, cuando investigas información general y específica con un resultado particular en mente, estás realizando una reproducción cruzada o influyendo en diferentes elementos para unirlos y crear otros nuevos. Esto puede parecer caótico para nuestro consciente, pero tu subconsciente funciona de manera óptima en este ambiente porque puede hacer referencias y millones de conexiones con la información que le provees. Como dijo el ejecutivo publicitario James Webb Young: *"la capacidad de incorporar elementos viejos en combinaciones nuevas depende en gran medida de la capacidad de ver las relaciones".*

FILTRA LA INFORMACIÓN

Aunque tu subconsciente puede hacer milagros, en última instancia, necesitas filtrar la información que le brindas y darle sentido coherente. Filtrar toda esta información implica tomar lo que es relevante y dejar de lado lo demás. Sin embargo, no descartes nada todavía.

Lo que quiero decir es que debes escribir todo lo que se te ocurra relacionado (o no) con el tema. Lleva contigo una pequeña libreta o un dispositivo electrónico (tu celular) para grabar cualquier idea que se te ocurra, por muy loca que suene. Antes de irte a dormir, deja volar tu mente imaginando que el producto o servicio que deseas llevar al mercado ya está disponible y que simplemente estás tratando de agarrarlo y ponerlo a la venta.

Este tipo de imágenes empujará tu subconsciente a hacer aún más conexiones. Ten una libreta y un bolígrafo junto a tu cama por si se te ocurre alguna idea en medio de la noche como sugerí en el capítulo sobre generar ideas.

Albert Einstein dijo una vez: *"la verdadera muestra de inteligencia no es el conocimiento, sino la imaginación"*. La imaginación es cómo hacemos conexiones imposibles, soñamos sueños increíbles y logramos hazañas imposibles. La imaginación es lo que nos lleva más allá de nuestra situación actual hasta lugares donde podemos visualizar soluciones y triunfar. Cuanto más juegues con la información (escribiendo, visualizando, graficando y hablando de ella con personas de confianza y mentes abiertas) más tu subconsciente entenderá lo que estás buscando.

Evita hablar sobre estos temas con personas que *sabes* que no están buscando una vida mejor, personas que desean quedarse donde están, no te entenderán y se enojarán contigo; tú las conoces, evítalas.

En su libro clásico *Psycho Cybernetics (Cibernética Psicológica)*, el Dr. Maxwell Maltz habla sobre el teatro de la mente. Su libro es un recurso asombroso sobre el poder de la mente subconsciente. Lo recomiendo. El teatro de la mente es el acto de ver con tu imaginación el resultado de lo que deseas, si lo puedes ver en tu mente, lo puedes tener en tus manos. Para practicar esta técnica, Maxwell aconseja que relaje tu cuerpo recostándote y dejando que tu mente cree el resultado que deseas. Dado que tu subconsciente no puede distinguir lo que es real de lo que es ilusión, puedes comenzar a creer que lo que se refleja es real y luego tratar de recrear esas imágenes exactas en el mundo físico, utilizando tu mente consciente con acción masiva y consistente.

DESARROLLA TUS PRODUCTOS O SERVICIOS

Si ya tienes una idea del producto, servicio, innovación o mejora del proceso que deseas crear para tu empleador, entonces es el momento de convertirlo en algo real y tangible. Puedes darle forma, función y utilidad.

En el capítulo 12, hablamos sobre las presentaciones de tus ideas y proyectos. Aquí me gustaría hablar sobre un tema relacionado: la formación de los productos, servicios, innovaciones o mejoras de procesos que deseas crear para el beneficio de tu empleador y tu beneficio.

Una vez que hayas determinado que vale la pena desarrollar la idea o el proyecto, debes darle forma o llevarlo hasta donde puedas y luego continuar con los aportes de otras personas de tu entera confianza. Mientras más rápido obtengas las contribuciones de otras personas, más rápido completarás el proceso. Recuerda que no tienes todas las respuestas. Si tu idea es un producto tangible, con los adelantos modernos hasta puedes crear fácilmente un prototipo utilizando impresoras con tecnología 3D. Nunca hables de algo si puedes mostrarlo, y nunca lo muestres si puedes demostrar cómo funciona.

Causa un efecto más poderoso si puedes ponerlo en el escritorio de tu empleador y ponerlo a funcionar. Deja que tu jefe toque y admire el prototipo. Muestra su funcionalidad y beneficios. Hoy en día, existen muchas empresas que ofrecen servicios de impresión 3D: Shapeways.com y Object.com son solo dos ejemplos en el mercado de habla inglesa. Puedes hacer una búsqueda en Google para encontrar compañías que crean impresoras con 3D. Estas empresas especializan en impresión 3D o creación rápida de prototipos. Este nuevo concepto está revolucionando la fabricación y la distribución de productos a escala global porque estas empresas no solo imprimen prototipos en 3D, sino que también utilizan un modelo de negocio que es muy eficiente económicamente hablando: solo imprimes cuando alguien compra el producto.

Si tu idea o proyecto es para servicios o mejoras de procesos, el mejor enfoque es presentar la solución completa de la manera más gráfica posible. Asegúrate de recibir comentarios de personas con experiencia en el tema. Hay muchas formas en que las imágenes y los gráficos pueden contar una historia completa; úsalos. Vivimos bombardeados por demasiada información oral y escrita. Una imagen o un video puede decir mucho más que mil palabras.

CAPÍTULO 16
MERCADEO PARA EMPLEO-EMPRESARIOS

«Si quieres ser interesante, interésate».
— David Ogilvy

Peter Drucker es uno de los pensadores y escritores más conocidos sobre el tema de la gestión empresarial. Una de sus citas más famosas es: *"las empresas solo tienen dos funciones: mercadeo e innovación".* Mercadeo: atraer clientes. Innovación: mejoras o nuevos productos y servicios. En estas dos áreas puedes encontrar riquezas para ti y tus seres queridos.

Toda empresa necesita clientes e innovación constantemente. Si puedes proporcionarle cualquiera de estos elementos a tu empleador, él estará feliz de compartir contigo las ganancias. Si no trabajas directamente en la adquisición de clientes, esta podría ser una oportunidad increíble para que atraigas nuevos compradores a tu empleador. Si el atraer nuevos clientes no es una de tus obligaciones laborales, entonces no habría confusión aquí; si traes un cliente, el crédito te pertenece, siempre y cuando ya te hayas identificado como un empleo-empresario.

Cualquier empleado puede innovar para su jefe en términos de nuevos productos y servicios, mejoras de procesos, etc., y obtener las recompensas de sus esfuerzos. Para hacer esto, necesitas convertirse en un agente doble: un espía. Necesitas realizar los deberes de un empleado y los deberes secretos de un empleo-empresario. Tus deberes como empleado son aquellos para los que fuiste contratado; tus deberes como empleo-empresario son los que tú mismo crearás: *marketing*, investigación, proyectos, presentaciones y desarrollo de ideas. También ahorros en áreas donde le puedes economizar dinero a tu empleador.

Uno de tus desafíos será hacer una distinción clara entre tus deberes laborales como empleado y tus deberes como empleo-empresario. Recuerda que como empleado te pagan por algo específico. Como empleo-empresario te pagarían por producir resultados que no están incluidos en tus deberes como empleado. Si, por ejemplo, vendes zapatos, sería difícil demostrarle a tu empleador que comercializaste y trajiste a una nueva persona de la calle para comprar zapatos, pero si te comunicas con una empresa u organización y los pones en contacto directo con tu jefe o empleador, eso puede probar que fuiste tú quien hizo el contacto inicial con esa compañía en particular.

En pocas palabras, el mercadeo es cualquier actividad que realiza una empresa para atraer y retener clientes. El mercadeo se compone de tres factores: el mensaje, la audiencia y los medios de comunicación. Tienes un producto, identificas quien desea comprarlo (audiencia), escribes lo que deseas decir (mensaje) y luego pones ese mensaje en los lugares donde la audiencia pasa más tiempo (medios de comunicación).

Es posible que tu empleador junte el mercadeo de tus proyectos con los de la empresa; de no ser así, esto te puede ser útil para comenzar. Claro, tu empleador necesita saber lo que estás haciendo. También necesitas su aprobación ya que es su compañía.

EL MENSAJE

Cada empleo-empresario necesita crear su propia Propuesta de Beneficios Única (PBU). Una PBU es una declaración simplificada de las soluciones y beneficios que puedes ofrecer en el mercado. Le dice a los clientes potenciales por qué deberían comprarle a su empresa en lugar de a la competencia. Es fundamental: los clientes quieren saber cómo puedes ayudarlos, si pueden confiar en ti y si tienes lo necesario para ayudarlos a resolver sus problemas.

Tu PBU debe transmitir un mensaje conciso sobre la esencia del negocio de tu empleador: una descripción concisa de las ofertas, la calidad, las garantías y los beneficios. Y así como reduces riesgos para tu empleador; también debes reducir e inclusive revertir el riesgo de tus productos o servicios en caso de que no funcionen para tus clientes. Realmente no deberías tener nada que temer o perder mientras vas aprendiendo y creciendo en esta nueva aventura.

Quiero compartir un ejemplo de una empresa que utilizó su PBU para crecer hasta convertirse en una de las pizzerías más famosas del mundo hoy en día.

En 1960, Tom Monaghan y su hermano James compraron una pizzería que estaba en problemas financieros llamada Dominick's, ubicada cerca de Eastern Michigan University. Ocho meses después, James le cambió la mitad del negocio a Tom por un

Volkswagen Beetle usado porque no veía futuro en la empresa. En 1965, como único propietario del negocio, Tom le cambió el nombre a la pizzería de Dominick's a Domino's Pizza, Inc. En 1967, se abrió la primera franquicia de Domino's Pizza en Ypsilanti, Michigan.

El resto es historia. Pero quiero llevar tu atención a lo que le sucedió a Tom y a Domino's Pizza. La PBU que cambió el destino de esa pizzería que durante tanto tiempo funcionó sin éxito, fue la siguiente: *pizza fresca y caliente, recíbela en treinta minutos, o te sale gratis*. Esta PBU tuvo éxito porque era breve, al punto y contenía una declaración de confianza, beneficios y compromiso con el cliente. Es una de las PBUs más famosas del mundo corporativo. Cualquier negocio puede adoptar esta PBU y tener éxito... siempre y cuando cumplan las promesas del PBU.

Más importante aún, esta PBU proporcionó un poderoso llamado a la acción. Todo el mundo quiere comida fresca y rápida. Al dar un plazo definido (30 minutos) y ofrecer una garantía, todo el riesgo de la oferta se eliminó de la transacción para el cliente. Esa eliminación del riesgo, combinada con la promesa de un producto fresco y delicioso, hizo que los clientes se apresuraran a realizar sus pedidos. Pero hay más: esta PBU es divertida, porque todo el mundo quiere algo gratis. Si la pizza llegaba después de 30 minutos, Domino's tenía que regalarle la pizza al cliente. ¡Wow!, ¡Tremenda PBU!

Si creas la PBU (Propuesta de Beneficios Única) correcta, puedes proveerle un poder asombroso a los proyectos que crees. Tus productos o servicios serán reconocidos y respetados en el mercado. A continuación, te muestro algunas PBU que hacen que los clientes se detengan y presten atención:

Palmolive: *"suaviza las manos mientras lavas los platos"*.

FedEx: *"cuando absolutamente y positivamente, (el paquete) tiene que estar allí de la noche a la mañana"*.

Dalton McCrary: *"le enseño a la gente cómo golpear una pelota de golf tan recta como puedan señalar o la lección es gratis... y también les daré veinticinco dólares por desperdiciar su tiempo"*.

El tercer ejemplo es el más fuerte. Si estas tres empresas ofrecieran el mismo producto, le compraría a Dalton McCrary y tengo la sensación de que tú también lo harías. Fortalece tu PBU y, sobre todo, asegúrate de que proporciones un beneficio genuino para tus clientes y tus posibles clientes. Tu PBU debe responder a la pregunta que siempre está en la mente de estos prospectos: "con tantas opciones en el mercado, ¿por qué debería elegir tu empresa sobre todas las demás?". Debes ser capaz de responder a esta pregunta en una fracción de segundo. Si no puedes responder a esa inquietud, ¿cómo esperarás que lo hagan los clientes?

No es fácil encontrar el PBU adecuado. Es difícil, porque tienes que profundizar para encontrar la esencia de lo que representa la empresa de tu empleador en el mercado y luego profundizar aún más para expresarlo en la menor cantidad de palabras posible. Si se trata de un producto o servicio, la tarea es más fácil. Es posible que tu empleador ya tenga un PBU que puedes usar.

Para crear la PBU perfecta, sigue los pasos que te sugiero a continuación.

Paso 1: Encuentra la Esencia del Negocio, Producto o Servicio

Antes de comenzar a escribir el PBU, debes comenzar a buscar orientación en dos lugares: la empresa o los productos.

El Negocio

Escribe un cuestionario sobre el negocio. Investiga a fondo para conocer los beneficios que ofrece la empresa. ¿Por qué existimos? ¿Quiénes somos? ¿Qué beneficios aportamos al mercado? ¿Cómo podemos mejorar la vida de las personas?

No te detengas hasta que tengas al menos cincuenta preguntas. ¡Sí, cincuenta! Haz la misma pregunta desde diferentes ángulos. ¿Por qué nuestros beneficios ayudan a los clientes? ¿Cómo ayudan a hombres/mujeres/niños? Mira el negocio como si fueras un extraño o extranjero. Y no dejes de hacer preguntas hasta tener un gran conocimiento de por qué existe la empresa y qué beneficios aporta al mercado.

Los Clientes

Cuando hables con los clientes, hazles preguntas sobre el negocio. Estarán encantados de hablar contigo. A la gente le encanta dar su opinión sobre las compañías que usan para adquirir sus productos o servicios. Has preguntas abiertas para capturar la mayor cantidad de información posible. Investiga en profundidad para obtener información sobre cómo los demás perciben el negocio.

Por ejemplo: "ha sido nuestro cliente durante mucho tiempo, ¿por qué? ¿Qué le gusta de nuestros servicios? ¿Cuáles son algunos de los beneficios que brindamos que le facilitan la vida? ¿Qué problemas resolvemos? ¿Qué agregaría a nuestras ofertas? ¿Qué eliminaría de nuestros servicios o productos?" Esta última pregunta es tan simple y tan poderosa. Lo comparo con la simple pregunta que McDonald's hace a sus clientes: "¿te gustaría una orden de papas fritas con tu hamburguesa?".

Esta simple pregunta ha aumentado los ingresos de la franquicia de restaurantes en millones y millones de dólares. Encontrarás información valiosa que te llevará a un PBU sólido (e incluso ideas para ganar dinero con los recursos de tu empleador). Si el negocio de tu empleador tiene clientes habituales, es porque él está proporcionando beneficios reales y necesarios, los clientes no regalan su dinero.

Paso 2: Identifica el mayor problema a resolver

El paso 1 te proporcionó información sobre los beneficios que brindas y los problemas que estás resolviendo para tus clientes. Pero las respuestas fáciles no son suficientes. Sigue investigando para obtener más y no te detengas hasta que hayas identificado al menos de 25 a 50 problemas que estés resolviendo para las personas. Este ejercicio te dará una gran visión de tu empresa y mejorará aún más tu PBU. Recuerda: los beneficios que ofrece tu compañía van más allá de las soluciones instantáneas que brindan a los clientes. Cada beneficio crea ramificaciones de otros beneficios que no se identifican de inmediato; encuéntralos haciendo preguntas.

Paso 3: Conecta los problemas con las soluciones más adecuadas

Un problema puede tener más de una solución; trata de encontrar la solución más ventajosa. Debes ir más allá de la superficie. Debes buscar el valor real e íntimo que los clientes obtienen de sus experiencias. En este paso, comienza a conectar los puntos y aclara cuál es realmente el factor clave de las ventas y qué hace que la empresa sea especial y valorada. Este ejercicio te servirá como modelo porque estás en terreno conocido. Cuando estés trabajando para encontrar soluciones para otros problemas dentro o fuera del negocio de tu jefe, será más fácil.

Paso 4: Garantías y Compromisos

Una garantía reduce el riesgo para los clientes y aumenta la rapidez con la que ellos toman decisiones para comprar. Pon tu garantía en el PBU como viste en Domino's Pizza y estarás un paso más cerca de vender más. Tu garantía debe ser asombrosa, algo que nadie ofrece en el mercado. La garantía debe motivar a los clientes potenciales a tomar acción. Dependiendo de tus negociaciones y el nivel de confianza en la honradez y calidad de productos de la compañía de tu empleador, sabrás hasta dónde puedes llegar con tus promesas y garantías.

Paso 5: Toma los mejores beneficios, promesas y garantías, y comienza a escribir posibles PBU

Escribe al menos veinte PBU. No lo pienses demasiado ni los analices demasiado. Simplemente escríbelos cuando se te ocurran. Tu subconsciente creará nuevas conexiones y generará ideas a medida que escribes. No cuestiones nada, simplemente escribe. Mantente lo más cerca posible del ejemplo de Dalton McCrary o Domino's Pizza, en términos de longitud, o incluso más corto: *"le enseño a la gente cómo golpear una pelota de golf tan recto como puedan señalar, o la lección es gratis y les doy veinticinco dólares por perder el tiempo"*.

Paso 6: Combina y Reescribe

Consigue a alguien (un miembro del equipo, un cliente o un experto en marketing) que te ayude a elegir los PBU que mejor reflejen los productos, los servicios y la cultura de la empresa para la que trabajas. Encuentra palabras en tus PBU que sean significativas y que se sostengan por sí mismas. Subráyalas o resáltalas. Una vez que hayas seleccionado las mejores, combínalas todas en las tres mejores PBU de muestra que puedas crear. Luego, combínalos nuevamente y vuelve a escribirlos hasta que obtengas un PBU único y perfecto que puedes usar para tu campaña de marketing. Si creaste otros que también son excelentes, no los descartes; puedes usarlos para otro material de mercadeo en el futuro.

Este es un proceso largo que requiere tiempo y dedicación. Algunos dueños de negocios trabajan en la creación de sus PBU durante meses e incluso años. Inicia el proceso ahora mismo para crear esta increíble herramienta de mercadeo y quedarás encantado con la forma en que responde la gente.

Quizás estés pensando, ¿por qué necesito otro mensaje de mercadeo si voy a utilizar el negocio de mi empleador? La respuesta corta es que, como empleo-empresario, eres un agente independiente. De la misma manera que venderás tus innovaciones a tu empleador y a los nuevos clientes, puedes venderlas a otras empresas de la misma o diferente industria. Piénsalo... ¿por qué limitarse?

Estarás utilizando la infraestructura de tu empleador, no su mensaje de mercadeo ni sus medios; si lo hicieras, volverías a desempeñar un papel de empleado. Necesitas mantener las cosas separadas. A menos que entres en un acuerdo con tu empleador; todo es posible. Recuerda, debes mantener tres cosas separadas desde el principio: tu trabajo como empleado debe estar separado de tu emprendimiento de empleo-empresario (agente), tus métodos de mercadeo e innovación deben ser diferentes de tus deberes como un empleado, y tu marca de emprendimiento de empleo-empresario debe estar conectada directamente contigo. Como empleo-empresario, eres un agente libre, eres tu propia marca. Si tu empleador no tiene un PBU, puedes venderle el que estás creando o regalárselo... es tu decisión.

LA AUDIENCIA

Puede que no tuvieras elección en cuanto a la familia en la que naciste, el cuerpo que tienes o tu lugar de nacimiento. Pero si vas a convertir en un empleo-empresario, tienes opciones en cuanto a los clientes con los que quieras trabajar. Como empleado, debes atender a cualquier cliente que acuda al negocio, pero como empleo-empresario, tienes el poder de elegir.

El acto de elegir a tus clientes es tan importante como elaborar tu mensaje de mercadeo (PBU). No puedes esperar grandes resultados y campañas de mercadeo eficaces si no sabes quiénes son tus clientes o cómo encontrarlos. Estoy seguro de que mientras elaborabas tu PBU, pudiste visualizar quiénes son tus clientes ideales o al menos quiénes querrías que fuesen.

La elaboración de tu mensaje debe haber aclarado algunos aspectos importantes sobre las personas que consideras tus clientes ideales; debes prestar atención a la edad, sexo, estado civil, ubicación, estilo de vida, nivel de ingresos, ocupación y más. Una vez que hayas definido tu mercado, es mucho más fácil identificar a tus clientes dentro de la multitud. Esto puede parecer como algo común, pero no es algo que los dueños de negocios hacen siempre, no es una práctica común. Te sorprendería saber cuántos propietarios de negocios piensan que todo el mundo es su audiencia.

Como empleo-empresario, tu tiempo es limitado. Tienes un trabajo de tiempo completo o parcial, familia y es posible que tengas otras obligaciones. Los clientes potenciales que elijas buscar deben valer la pena, tu tiempo y tu esfuerzo. Una vez que conozcas tu audiencia, tendrás una ventaja que pocos propietarios de negocios tienen, y podrás encontrarlos con facilidad porque ya sabrás los lugares físicos o virtuales donde se congregan. Sabrás las revistas y los periódicos que leen, la música que escuchan, los deportes que les gustan, etc.

Hoy en día, en algunos países, puedes comprar listas de clientes basadas en cualquiera de las características que mencioné: edad, género, nivel de ingresos, ubicación, nivel de educación, estado civil, etnia, grupos sociales, deportes predilectos, etc. Aunque la mejor lista de clientes es la que creas tú mismo, comprarle una lista a un corredor puede darte la ventaja de tener una gran cantidad de clientes potenciales al instante. Si vives en Estados Unidos, para encontrar corredores, puedes realizar una búsqueda en tu biblioteca local en la base de datos de SRDS (*Standard Rate and Data Service*), tarifa estándar y servicio de datos. O puedes comprar la membresía anual en su sitio web. El SRDS contiene información demográfica y de mercado para áreas metropolitanas y condados en los Estados Unidos, Canadá y otros 200 países. También tiene más de 70.000 listas de consumidores y proporciona la información de contacto de los corredores que representan esas listas. Si tu país no está en esta lista, realiza una búsqueda local en tu nación, para ver si alguna compañía vende datos de consumidores.

A continuación, te presento las características demográficas que necesitas comprender para definir e identificar tu audiencia. Reducir los parámetros te ayudará a identificar nuevos clientes para los productos y servicios de tu empleador y los proyectos que inicies como empleo-empresario.

Género

El género es importante por razones obvias; no intentarías venderle productos femeninos a hombres que no se identifiquen como mujeres y viceversa. Si tu empleador atiende solo a mujeres, por ejemplo, es posible que desee intentar encontrar una manera de adaptar el producto o servicio a los hombres. Todos sabemos que el negocio de la belleza está dirigido principalmente a las mujeres. Pero los hombres se interesan cada vez más por su imagen personal. Si tu empleador no atiende a los hombres, puedes crear nuevos productos y servicios que los atraigan. Esto abriría nuevas oportunidades de mercado completamente nuevas para tu empleador y para ti.

Edad

Debes conocer la edad del público objetivo al que te diriges. La edad de tus posibles clientes determina dónde los buscarás, y sobre todo si se interesarían en tu producto o servicio.

Si los clientes de tu empleador suelen tener entre 25 y 35 años, podrías abrir nuevos mercados en el rango de 15 a 20 años adaptando los productos y servicios o creando nuevas líneas para consumidores más viejos o más jóvenes.

Ubicación

Si las ofertas de tu empleador se pueden entregar en cualquier parte del mundo, tendrías un mercado global para experimentar con tus ideas y esto abriría oportunidades increíbles para aumentar tu salario.

Pero, incluso si el negocio de tu empleador es local y no hay forma de convertirlo en un negocio global, aún podrías innovar dentro de la empresa o crear nuevos productos y servicios para vender a escala global. Es importante saber dónde están tus clientes potenciales y como llegar a ellos de manera eficiente y económica.

Niveles de ingreso

Los ingresos son importantes, porque querrás asegurarte de que los clientes que atraes puedan pagar los productos y servicios que vendes, sin pedir descuentos ni quejarse de los precios. Una persona que gana $20,000 al año no buscará los mismos productos y servicios que alguien que gana $120,000 en el mismo tiempo. Los niveles de consumo individual y los ingresos disponibles para gastar serán muy diferentes. Este tipo de información la puedes comprar o simplemente hacer encuestas para conseguirla.

Nivel de educación

La educación es importante. Hoy en día, muchas personas se unen a grupos sociales con niveles de educación similares: abogados, médicos, arquitectos, el autodidacta que aprendió idiomas, el chico que aprendió programación en Youtube... todos nos agregamos a grupos sociales con intereses similares. Puedes unirte a grupos de interés común en páginas web como LinkedIn, Facebook, Instagram y muchos otros.

Ocupación

Lo que tus clientes y prospectos hacen para ganarse la vida es importante. Dependiendo del tipo de empresa para la que trabajes, puede que te resulte fácil encontrar clientes de acuerdo con su profesión. Aquí, nuevamente, los grupos de networking pueden resultarte útiles. Los profesionales y propietarios de empresas de diferentes industrias se reúnen con frecuencia en diferentes ciudades del mundo. Esto te facilitará encontrarlos y conectar con ellos.

Los Medios De Comunicación

Mucha gente en los negocios se lanza directamente a los medios de comunicación, cuando este debería ser el último paso. Esto sucede porque muchos no entienden que los medios de comunicación son solo un vehículo y nada más.

Una vez que hayas creado tu mensaje de mercadeo e identificado tu audiencia, puedes continuar con el paso final de decidir qué vehículos utilizar para llevar tu mensaje a tus clientes potenciales.

Tu primera opción son los medios de comunicación: televisión, radio, Internet, libros, revistas, periódicos, vallas publicitarias, letreros, *skywriting*, dirigibles, publicidad en autobuses o taxis, cartones de leche y muchos otros lugares. La publicidad en los medios de comunicación - aunque es cara -, es la mejor manera de hacer publicidad cuando tienes un producto o servicio de consumo masivo.

Pero si has seleccionado un segmento de mercado y sabes lo suficiente sobre ellos, puedes llegar a ellos exclusivamente mediante el uso de medios de comunicación directos, como mercadeo por correo directo o correo electrónico, solicitudes puerta a puerta, transmisiones por fax o posiblemente *telemarketing*.

CAPÍTULO 17
MERCADEO DIRECTO

«Cuando hablas con todos, no hablas con nadie».

— Meredith Hill

El mercadeo directo es la selección y comunicación de manera directa con clientes o posibles clientes. Estas personas han mostrado interés en los productos o servicios que se les presenta con estas promociones. Este interés se puede identificar como: responder a un anuncio, responder a una encuesta, hacer una llamada o simplemente han puesto sus nombres y correos electrónicos en una forma virtual para ser contactados por la compañía.

Algunos de los canales de comunicación utilizados en el mercadeo directo incluyen telemarketing, folletos, postales, mensajes de texto, correos electrónicos o correo postal y mensajes directos en redes sociales, entre otros. Ten en cuenta que el telemercadeo ya no funciona como antes para las ventas directas en los Estados Unidos. Muchas personas están unidas al National Do Not Call Registry (Registro Nacional de No Llamar) y llamarlas puede causarle problemas a tu empresa. Sin embargo, si deseas realizar una encuesta, puedes llamar a cualquier persona, siempre y cuando no intentes venderles nada.

Puede que sea diferente en el país donde vives. Asegúrate de investigar las leyes que protegen a los consumidores.

Mercado por correo electrónico

El mercadeo por correo electrónico es la versión electrónica del mercadeo por correo postal o cartas físicas. Para enviar correos electrónicos comerciales a clientes potenciales primero se necesita permiso o es considerado spam o basura.

Puedes obtener direcciones de correo electrónico de potenciales clientes que muestran interés en los productos y servicios de tu empleador tanto en el internet o como fuera del internet. Para obtener direcciones de correo electrónico en línea, puedes utilizar una forma donde el cliente o prospecto ingresa su nombre y correo electrónico (email). Hay muchos otros métodos que puedes utilizar para obtener direcciones de correo electrónico. Por ejemplo, si tienes un sitio web, puedes ofrecer concursos, informes, seminarios web o cualquier otro tipo de beneficio que haga que las personas quieran darte sus correos electrónicos.

Conseguir correos electrónicos fuera del internet puede ser un poco más difícil. Pero dependiendo de la empresa e industria en la cual trabajas, podrías aprovechar las oportunidades que otras personas de otras industrias y empresas no tienen. Si empleador vende a distancia y estás considerando el mercadeo por correo electrónico, estas son algunas herramientas que pueden ser muy útiles para ti. Hay muchos más recursos en línea, pero estos deberían ayudarte a comenzar, en especial si tu jefe desea que el proyecto este desligado de su negocio como puede ser el caso.

Dominio

Un nombre de dominio en el internet es como la dirección de tu casa. Esta es la dirección electrónica que las personas escribirán en el navegador del Internet para encontrar el nombre de tu página web, por ejemplo: elnombredetunegocio.com. Si es posible, compra un nombre de dominio con la terminación .com. Esto significa que tu sitio web tiene fines comerciales. Este es el formato más reconocido para nombres de dominio en Internet en todo el mundo. Aunque hoy en día existen muchas terminaciones como: .net, .org, .biz, etc.

Una compañía que uso para comprar nombres de dominios es: namecheap.com, esta compañía no ofrece servicios en Español pero sus precios son increíbles comparados con los precios en Latinoamérica para comprar dominios. Visita la página web si necesitas comprar un dominio. Ellos ofrecen soporte técnico 24/7.

Empresas de Hosting

Una empresa de hosting es el lugar donde vive tu página web y todos tus documentos, fotos, enlaces, imágenes, informes, etc. Piensa en esto como un lugar de almacenamiento para páginas web. Hay algunas compañías buenas y baratas: namecheap, bluehost.

com son dos buenas. Échales un vistazo, investígalas y toma tu propia decisión. Si no hablas inglés, has una búsqueda en el internet para encontrar una compañía en tu país.

WordPress.org

Esta es una plataforma gratuita y abierta para creadores de páginas web. La mayoría de los blogs y páginas web que ves hoy se han creado en esta plataforma. Es fácil de usar y muy poderosa y flexible. Existen muchas aplicaciones que hacen fácil el crear páginas web como Elementor, por ejemplo.

Getresponse, Aweber o Mailchimp

Estas dos empresas ofrecen servicios de mercadeo por correo electrónico o auto-respondedores. Cada vez que una persona se subscribe a tu lista de correo electrónico, la aplicación de estas empresas envía un mensaje automático a la persona dándole la bienvenida y haciéndole saber de qué se trata la empresa. Tú mismo creas y configuras estos mensajes de manera sistemática para que tu lista reciba tus mensajes en el orden en que desees. Consulta estas empresas y elige la que mejor pueda ayudarte con tus objetivos.

Mercadeo por Correo Postal (catálogo, cartas)

La escritura de mensajes publicitarios es el arte de crear contenido para influenciar a la gente para que compre un producto, servicio o tome una acción que puede resultar beneficiosa para ella y para la compañía. Considera este tipo de cartas como un vendedor que has sido puesto en papel para vender los productos y servicios de tu empleador. Es una profesión, al igual que el diseño gráfico o la arquitectura. Sería imposible enseñarte a escribir este tipo de cartas dentro del espacio limitado de este libro. Sin embargo, te daré algunos consejos sobre el uso del mercadeo por correo directo que te guiarán para comenzar a crear cartas efectivas. Ten en cuenta que estas técnicas de redacción publicitaria se pueden utilizar con cualquier otro canal de mercadeo directo que decidas utilizar.

Puedes escribir una carta de ventas para los productos y servicios que vendes y hacer un mejor trabajo que muchos consultores profesionales, porque nadie comprende las ofertas de tu empleador tan bien como tú. Posees el conocimiento que solo la experiencia puede proporcionar, pero necesitas practicar el arte de la redacción publicitaria. Este es un arte que no se utiliza muy bien en la mayoría de los negocios convencionales. Lo más probable es que tu empleador no utilice cartas de venta por correo directo. Debería, pero si no lo hace, tienes una ventaja aún mayor.

La mejor manera de aprender redacción publicitaria en cuestión de semanas es reescribir las cartas de ventas de los mejores escritores a mano. Sin computadoras, usa lápiz y papel. Utiliza tu buscador favorito (Google, Yahoo, Bing, etc.) para encontrar cartas de ventas de redactores profesionales como Jay Abraham, Dan Kennedy y Gary Halbert. Las cartas de Gary, por ejemplo, están en thegaryhalbertletter.com y se pueden leer o imprimir de forma gratuita.

Estas cartas están en Inglés, pero si haces una búsqueda en Amazon o en el Internet puedes encontrar libros con cartas en Español.

Estos son tres de los mejores redactores publicitarios que conozco y de los que he aprendido. Lee sobre ellos. Reescribe sus cartas y pronto estarás escribiendo cartas de ventas increíbles como ellos.

Al considerar una campaña de correo directo utilizando cartas de ventas, cada elemento es importante. Sin embargo, hay un cierto orden que debe seguirse. Debes guiar a tus clientes y prospectos para que hagan exactamente lo que deseas que hagan y vean los beneficios de los productos y servicios que vendes.

Para que tu carta de ventas sea efectiva, debe contener los siguientes elementos que veremos a continuación.

1. Una audiencia preseleccionada (clientes o posibles clientes).
2. La presentación (empaque).
3. El titular (que capte la atención).
4. Las secciones (que sigan captando la atención).
5. El texto (diseñado para despertar determinadas emociones).
6. Las opiniones o testimonios (cosas buenas que hayan dicho los clientes).
7. La garantía (reembolso total).
8. Inventario limitado (solo quedan veinte artículos).
9. Tiempo limitado (¡solo quedan dos días!).
10. Llamado de atención (ordena ahora antes que se acaben).
11. La orden.
12. Información de contacto.

* Una audiencia preseleccionada

Una audiencia preseleccionada es el elemento más importante en cualquier campaña de mercadeo directo directo. Aquí, la base de datos SRDS (o equivalente en tu país) puede resultar útil. Puedes definir los clientes que deseas, llamar a un corredor y obtener exactamente la cantidad y las características de los prospectos que necesitas.

Si le vendes a una audiencia preseleccionada tendrás una mayor probabilidad de aumentar tus ventas. En síntesis, una audiencia preseleccionada es el inicio de la estrategia.

* La presentación

Considera el empaque como una puerta que debe abrirse. La gente suele leer las cartas que recibe cerca de la papelera, para botar lo que consideran basura. Si el sobre (empaque) no es del Estado (impuestos, comunicaciones gubernamentales, avisos legales) o personal (postales, invitaciones, tarjetas de felicitación) no capta el interés en fracciones de segundos, por lo que la carta irá directamente a la basura sin que ni siquiera se le dé la oportunidad de entregar su mensaje.

Puedes tener la mejor oferta del mundo, pero si tu carta no se abre y lee, no importará. Si quieres aumentar la probabilidad de que tu carta sea leída, escribe el nombre y la dirección del cliente potencial a mano en los sobres. Aunque, si tus letras son como las mías, te recomiendo que encuentres a alguien con una buena caligrafía para que escriba en los sobres. Evita la cursiva; utiliza solo letras de molde ya que son más fáciles de leer.

Si tu cliente potencial ve letras de molde (escritas a mano) y no letras impresas, pensará que vienen de una persona y no de una empresa, porque las letras de molde le dan un toque personal y humano, algo raro en estos tiempos en correspondencias. La gente se sentirá más inclinada a abrir y leer tus cartas (lo cual es el primer y más importante paso en cualquier campaña de mercadeo directo).

* El Titular (o encabezado)

Esta es la parte que le dice al lector o prospecto que la carta es para él. El titular debe captar la atención desde la primera palabra. Si confundes al lector en el titular, lo habrás perdido para siempre. Cuando lees algo en lo que tienes que razonar mucho para entender el mensaje, ¿continúas leyéndolo o lo tiras a la basura?

Un titular cargado de beneficios hará que tus prospectos se interesen, especialmente si la oferta es personalizada para ellos en función de sus intereses, gustos, edades y estilos de vida. Envía un titular poderoso y directo. Si el titular está cargado de beneficios, este hará que el lector se detenga y preste atención. El titular es la puerta y cada sección de la carta es una invitación para que el prospecto siga leyendo.

En esencia, un gran titular te brindará la oportunidad de llamar la atención de los clientes potenciales y la capacidad de identificar a tu audiencia en fracción de segundos. Eliminará los prospectos que te pueden hacer perder el tiempo y motivará a aquellos que estén listos para comprar.

* Las Subtítulos

En los subtítulos debes formular preguntas relacionadas con los beneficios del título. Estas preguntas deben explorar la desesperación que experimenta el prospecto por no tener tu producto o servicio.

La exploración del sufrimiento también puede ser una forma eficaz de abrir el titular. Lo creas o no, algunas personas leerán tu título, subtítulos y garantías, y luego irán directamente a la sección donde deben pagar y comprarán tu producto. Estas son personas que han estado esperando que alguien como tú les presente una solución a un problema específico.

En conclusión, los subtítulos te brindan la oportunidad de hacer preguntas clave; la oportunidad de darle a tu cliente potencial una imagen completa de la oferta; la oportunidad de echarle sal en la herida; la oportunidad de hacer que el lector se meta más y más en tu carta, y la oportunidad de obligar a tus prospectos a confrontar sus problemas y tomar una decisión.

* El Texto o cuerpo de la Carta

Considera el texto o el cuerpo de la carta como el vendedor en acción. El texto de la carta debe contar una historia completa de lo que estás vendiendo y por qué. Dile a tus clientes potenciales todo sobre el producto o servicio. La gente lee cuando está interesada. Es por eso que una audiencia preseleccionada es fundamental para tener éxito en el mercadeo directo.

Asegúrate de escribir sobre todos y cada uno los beneficios asociados con la oferta. A la gente le gustan los beneficios. Ponte en los zapaos del lector. Todo el mundo quiere saber cómo un producto o servicio puede mejorar sus vidas, hacerlas más bellas, más inteligentes, más rápidas, más ricas, etc.

En esencia, el texto de la carta o la oferta te brinda la oportunidad de explicar en detalle lo que vendes; la oportunidad de contar historias relacionadas con tu oferta y la oportunidad para que el lector aprenda más sobre ti y tu negocio. Relata algunas cosas negativas sobre el producto o servicio. Ningún producto es perfecto, y es mejor que lo digas tú a que lo diga tu competencia o un cliente de la competencia. Si lo dices tú aumentas el nivel de confianza que puedes crear con tus prospectos.

* Los Testimonios

¿Por qué son importantes los testimonios? He aquí un ejemplo. Supón que estás comprando en un centro comercial y te encuentras con una amiga. Empiezas una conversación y surge el tema del dolor de espaldas. Cerca de ti hay un hombre que resulta ser un quiropráctico, quién está lo suficientemente cerca como para escuchar tu conversación. En la primera oportunidad que ve, se acerca y se presenta como un quiropráctico profesional. Te dice que es un experto en aliviar el dolor de espalda y que ha ayudado a miles de personas con sus problemas de dolor de espalda.

¿Cuál sería tu primera reacción? Huir, me imagino. Pero supongamos, en cambio, que tu amiga te cuenta sobre este maravilloso quiropráctico que curó el dolor de espalda de su marido. ¿Le pedirías su nombre y número? Apuesto que lo harías. Esta es una prueba del poder de los testimonios (opiniones) y recomendaciones personales. La validación de terceros es la herramienta más eficaz que puedes utilizar para presentar tus productos y servicios, porque pueden romper la barrera de la desconfianza casi al instante.

El mercadeo por correo directo se trata de generar confianza y hacer que tus prospectos se sientan cómodos contigo lo más rápido posible. En esencia, incluir un gran testimonio te da la ventaja de una validación de terceros, la herramienta definitiva para generar confianza (un respaldo) y la oportunidad de mostrar a tus clientes potenciales que lo que dices sobre tu negocio, producto o servicio es cierto y que tus productos y servicios realmente funcionan.

* La garantía

La transferencia de riesgo de tu prospecto hacia ti es el instrumento más poderoso que puedes utilizar hoy en día para aliviar el temor que éstos sienten a ser engañados. Cuando presentas tu oferta a posibles clientes que nunca han hecho negocios contigo, les pides que asuman un gran riesgo. Ofrece siempre una garantía incondicional para calmar sus miedos.

Por ejemplo: "si no está completamente satisfecho con este producto, devuélvalo dentro de 30 días para obtener un reembolso completo. Estoy 100 % seguro de que estará feliz y satisfecho con nuestro producto y es por eso que incluyo esta garantía sin igual". Tu empleador debería estar de acuerdo contigo para que puedas hacer esta oferta, pero si cree en sus productos y servicios, no creo que sea un problema. Siempre consulta con tu empleador o jefe.

* Inventario Limitado

Utilizar el concepto de oferta y demanda es clave cuando se trata de mercadeo por correo directo. Tienes que hacer creer al lector que la oferta es limitada y que tiene que actuar ahora o podría perder la oportunidad de comprar la tremenda oferta que le estás haciendo.

Por ejemplo, si tienes una lista con doscientos clientes, querrás aparentar que no todos podrán comprar el producto o servicio. "Solo nos quedan sesenta, ¡apúrate!".

Cuando limitas el inventario aumentas la percepción del valor que tiene el producto o servicio. Esta estrategia motivará a tus prospectos a comprar más rápidamente e infundirá el temor de que si no actúan con rapidez, perderán una gran oportunidad.

* Tiempo limitado

Una oferta de tiempo limitado funciona de la misma manera que una oferta de inventario limitado. Pero en este caso es un límite de tiempo, y no de inventario. Incluir este tipo de estrategia es ideal cuando tienes productos, servicios o paquetes recurrentes para vender, como con un programa de membresías mensuales o anuales.

Una oferta que tenga estrategias que denoten urgencia, te da control sobre el tiempo y cambia la dinámica de tomar decisiones. En este caso, éstas deben ser tomadas en tu tiempo y no en el tiempo de los prospectos. Esta estrategia mueve al cliente potencial a hacer compras impulsivas.

* Llamado a la Acción

Los clientes necesitan ser guiados. Si no les dices qué hacer a continuación, es posible que se pierdan y que tú pierdas la venta. Necesitas decirles cómo realizar pedidos y comunicarles un mensaje de urgencia: "¡llame ahora!".

El llamado a la acción brinda la certeza de que tus clientes están siendo guiados a tomar la decisión que tú deseas que tomen; también aumentará las probabilidades de que actúen como esperas y así completen la compra de tu producto.

* La orden

Asegúrate de ofrecer tantos métodos de pago como sea posible. Si tu empleador no está familiarizado con los más nuevos, como Square, Dwolla, PayPal, etc. interiorízate sobre los que operan en tu país. Permite que los prospectos paguen de tantas formas como sea posible: múltiples tarjetas de crédito, en cuotas, cheques comerciales o personales, etc.

Dales la opción de ordenar por teléfono, fax, forma virtual o en persona. Cuantas más opciones ofrezcas, más fácil será que realices ventas. La gente no pregunta, asume. Si no ven ninguna otra opción de pago, asumen que no se acepta ninguna otra forma de pago y se van.

Si algún método de pago en particular requiere varios pasos, explícalos con lujo de detalles. Guía al cliente. Ser flexible a la hora de aceptar muchos métodos de pago te brinda una mayor posibilidad de concretar más ventas.

* Información de contacto

Al mostrar tus contactos de manera clara, en la carta les dice a los lectores que eres una empresa con una ubicación física y que tienes personas disponibles para responder llamadas telefónicas, correos electrónicos o correspondencia; en fin, que eres real y accesible. Dependiendo del acuerdo con tu empleador, los agentes de la empresa pueden recibir llamadas de tus clientes y ofrecerles servicio al cliente.

Incluir tu información de contacto da la apariencia de un negocio real y los medios para que tu audiencia pueda ordenar con facilidad y hablar con un ser humano en vivo si es necesario.

En resumen, la información proporcionada en una carta de ventas no solo se puede aplicar al mercadeo directo, sino que también a muchos otros formatos de ventas, como por ejemplo un monitor con texto con vista a la calle, una página web con la carta, etc., donde las ofertas de tu empleador o las tuyas pueden tener una audiencia. Por ejemplo, hay una tienda de DVD y música ubicada en la estación de metro de Times Square en la ciudad de Nueva York. Esta tienda está situada justo antes de subir las escaleras para abordar el tren #1. Tiene muchas pantallas de televisión que muestran películas de acción, combates de boxeo, karate, etc., de todos los DVD que venden dentro de la tienda. Cada día pasan miles de personas por allí y muchas se detienen a mirar las pantallas de televisión. Si los propietarios de esta tienda siguieran estas estrategias de mercadeo directo, podrían agregar anuncios a los videos, mostrando un llamado a la acción. "Ven a la tienda en los próximos dos minutos y compra este DVD por solo $ 9,99, ¡un descuento del

50%! ¡Tienes dos minutos! ¡Nos vemos adentro!". Y si también agregaran un regalo con la compra del DVD, apuesto a que sus ingresos aumentarían.

Si vas a vender mediante correo directo (y creo que deberías hacerlo), asegúrate de tener cierto nivel de control sobre el proceso de ventas. Debes comprender qué se vende y qué no se vende para minimizar las pérdidas.

Las Redes Sociales

Cuando se trata de redes sociales, no tienes por qué invertir mucho dinero; de hecho, es muy probable que no tengas invertir dinero en absoluto. Todo lo que necesitas hacer es conectar con individuos o empresas para vender tu productos o servicios directamente si es lo que deseas.

Puedes encontrar estos clientes en tu propia ciudad, país o en otras regiones del mundo. Si tienes el producto o servicio adecuado, los clientes responderán positivamente porque estarás brindando soluciones a sus problemas. Hoy en día, es increíblemente fácil ponerse en contacto con cualquier persona, sin importar en que país se encuentre. Necesitas una razón convincente para hacer el contacto inicial, gracias a las redes sociales, el acceso no es el problema.

El mejor enfoque para un empleo-empresario es el contacto directo o el mercadeo directo. Esto no solo significa correo postal, sino que también conexiones tradicionales como encontrarse cara a cara, llamada por teléfono o el uso de tecnología para chatear o realizar videoconferencias... en fin, contacto humano. La tecnología nos permite extendernos más allá de las limitaciones físicas de nuestra ubicación.

Las personas usan páginas web de redes sociales como Facebook, LinkedIn y Twitter para mantenerse en contacto con amigos y familiares y compartir imágenes, historias, información y más. Estas páginas web permiten a las personas volver a conectarse con amigos de la infancia o de hace mucho tiempo, hacer nuevos amigos y mantenerse actualizados sobre acontecimientos locales o mundiales.

Actualmente, muchas empresas utilizan el mercadeo en redes sociales para llamar la atención de prospectos. Esto funciona mejor cuando la voz de la empresa desaparece y es reemplazada por las voces de las personas que tratan con la gente. En las redes sociales tu puedes tener más éxito que una empresa marca, porque la gente en las redes desea conectar con otros seres humanos. Se auténtico y usa tu propia voz cuando te comuniques a través de los canales de las redes sociales; no intentes sonar como una corporación sin alma y rostro. Incluso LinkedIn, que se presenta como una red profesional, desprecia a las personas que se unen a la red con la única intención de vender. Se trata de conectar y crear relaciones, las relaciones son el *dinero*.

El contenido es lo más importante cuando se trata de mercadeo en redes sociales. Las personas están en línea para aprender y compartir cosas que disfrutan y les facilitan la vida. Sin embargo, quieren ver las experiencias y testimonios de otros clientes antes de probar tu producto o servicio. Quieren conocer la opinión de sus amigos e incluso de extraños, siempre y cuando la persona no tenga nada que ganar directamente al compartir sus testimonios u opiniones. Los usuarios de las redes sociales no prestan atención ni creen en las vanaglorias o anuncios de las empresas; ellos creen en sus amigos.

Cuando se trata de mercadeo a través de las redes sociales, tú, como empleo-empresario debes actuar como una persona normal que no está presionando a la gente para que compre nada. No insistas. Se parte de la conversación. Agrega beneficios informativos importantes que ayuden a la comunidad a encontrar soluciones y luego, cuando se den cuenta de lo genial que eres por no intentar vender, te preguntarán como pueden conseguir la solución a través del producto o servicio que tu vendes. ¡Esta es tu oportunidad para vender, vender y vender en grande! La gente comenzará a notar tus ofertas comerciales y empezará a responder comprándote. Y mejor aún, comenzarás a crear testimonios y opiniones de tus nuevos clientes al probar tu producto o servicio.

Si deseas obtener nuevos clientes mediante el mercadeo en redes sociales, debes comprender que este medio se trata de conectar con las personas primero. Conoce sus necesidades y deseos y solo entonces presenta tus servicios y productos con el permiso de ellos. Cuando te dan el permiso, la venta está hecha, porque te estarán pidiendo una presentación de los beneficios que ofreces.

Me gustaría darte algunas ideas sobre cómo comercializar utilizando algunas de las redes sociales más populares. Esto es solo una reseña, en el internet puedes encontrar amplia y variada información sobre cómo utilizar las redes sociales.

* Facebook (www.facebook.com)

La mayoría de las personas en Facebook buscan noticias y chismes sobre sus amigos. Sin embargo, también son consumidores. Empresas de todas las industrias están acudiendo en masa a Facebook, tratando de atraer a las personas para que se interesen en sus productos y servicios. Facebook ofrece una gran oportunidad para mercadear.

* LinkedIn (www.linkedin.com)

LinkedIn es una de las redes sociales para profesionales más famosas; aquí se congregan dueños de empresas, emprendedores y empleados. Es diferente a Facebook porque - aunque hay muchos profesionales en esta red social - LinkedIn es exclusivamente para profesionales. LinkedIn tiene dos niveles de membresía: gratuita y de pago. La versión gratuita ofrece solo servicios limitados; el servicio premium ofrece acceso ilimitado.

El servicio pagado de LinkedIn es ideal para establecer contacto con otros empresarios y profesionales y establecer tu liderazgo y presencia a escala local, nacional y global.

Es sencillo crear grupos en LinkedIn y pueden ser muy útiles para ganar seguidores para tu marca personal, tus proyectos y los productos y servicios de tu empleador. Con el servicio pagado, LinkedIn te da cierta cantidad de correos electrónicos que puedes usar para comunicarte con gerentes o dueños de compañías a nivel mundial.

* Twitter (www.twitter.com)

Twitter es una red de micro-blogs que te permite crear mensajes de no más de 280 caracteres (también conocidos como "tweets"). Es muy fácil de usar: simplemente visita la página web, completa el formulario de registro y crea una cuenta. Todo lo que necesitas es tu nombre completo, un nombre @loquedesees, una contraseña y tu dirección de correo electrónico. Elige un nombre que identifique lo que haces. El nombre debe ser llamativo y fácil de recordar, de modo que los clientes potenciales sepan inmediatamente lo que haces y quieran seguirte. Asegúrate de usar una imagen.

Después de crear tu cuenta, puedes comenzar a seguir personas. Eso significa que cada vez que "twitteen" un mensaje, podrás verlo de inmediato y las personas que te siguen podrán ver tus "tweets" tan pronto como los publiques. Esta red social es increíblemente poderosa para difundir información por todo el mundo en cuestión de segundos. Una aplicación muy útil para rastrear información en Twitter es: www.twitterfall.com. Solo tienes que poner la palabra o frase de tu interés y esta aplicación te trae todo lo que existe en Twitter sobre tu interés.

* Instagram (www.instagram.com)

Instagram es la red social con mayor crecimiento en los últimos años. La mayor atracción de Instagram es esta red fomenta lo visual: fotos de personas, imágenes, videos, en fin, todo lo que está a la moda. Hay muchas personas manejando sus negocios en Instagram por medio de patrocinios, ventas y afiliaciones. Esta red es muy poderosa para conectar con jóvenes.

CAPÍTULO 18
COMO CONSEGUIR CLIENTES Y PROSPECTOS (EMPLEO-EMPRESARIO)

«Los negocios sólo tienen dos funciones: la comercialización y la innovación».
— Peter Drucker

En capítulos pasados mencioné que tu empleador o jefe mercadea activamente sus productos o servicios a clientes potenciales en la comunidad, ciudad o país donde opera y que sería prudente mantenerse alejado del comercio al detalle. Como ya sabes, el comercio minorista o al detalle es la venta de productos o servicios a individuos. Una empresa puede ser un proveedor minorista o mayorista. Una zapatería puede vender uno o varios pares de zapatos a clientes individuales (minorista), o una compañía de frutas puede vender grandes cantidades a un costo menor (mayorista). Si es posible, alejado del comercio minorista cuando se trata de tu emprendimiento de empleo-empresario, ya que puede crear conflictos de intereses con tu empleador o jefe.

Si debes dedicarte al comercio minorista, debes utilizar un código que identifique a tus clientes para distinguirlos de los de tu empleador. Creo que sería recomendable trabajar con empresas o clientes mayoristas para convertirlos en clientes que te compren grandes cantidades. Continuando con el ejemplo de los zapatos, podrías traer a un comprador de otra región o parte del mundo, tal vez alguien que quiera realizar grandes pedidos para niños huérfanos en países pobres de África, Asia o América Latina, o quizás grandes pedidos de una empresa para sus clientes ricos.

Este tipo de clientes no solo te brindarán más beneficios financieros, sino que también te ahorrarán tiempo. Una empresa grande puede representar una compra de cien o mil pares de zapatos. Como puedes ver, ser un empleo-empleado mayorista ofrece más ventajas y también evita conflictos con tu empleador.

Dependiendo de lo que vendas, iniciar contacto y conseguir estos grandes clientes no es imposible. Ya hablamos de LinkedIn, Twitter y Facebook como fuentes en las que puedes encontrar y conectar con millones de personas y empresas de todo el mundo. Sin embargo, hay muchas otras formas de encontrar y conectar con empresas de muchas industrias que compran bienes (alimentos, juguetes, equipos, suministros de oficina, etc.) y servicios (transporte, belleza y salud, bienestar, seguridad, etc.). Además de utilizar el Internet para conseguir nuevos clientes, puedes probar las maneras que describiré a continuación:

1. Alianzas Estratégicas

No importa cuál sea el producto o servicio que vende tu empleador... alguien quiere o necesita ese producto. Alguien quiere comprarlo. La belleza de crear alianzas o asociaciones estratégicas es que puedes acceder a cientos de clientes al mismo tiempo cuando estableces amistad con líderes. Encuentra a estas personas estratégicas y tus proyectos de empleo-empresario pueden transformar tu vida de la noche a la mañana.

2. Referidos

Si tus clientes están satisfechos con los productos y servicios que brindas, solicítales referencias. Esta es la forma más fácil y económica de conseguir nuevos clientes. Imagínate una compañía conectándote con otra, y luego otra y así por el estilo.

El traerle estos grandes clientes a tu empleador aumentará tu salario, te dará influencia instantánea y te pondrá en línea directa para promociones seguras. Tu jefe o empleador verá el inmenso valor y beneficios que aportas a la empresa y ganar más dinero con tu mente se convertirá en un pasatiempo tan emocionante que incluso cuando te vayas de vacaciones, conectarás con personas y buscarás negocios de manera natural. Si puedes pagar, ve a complejos turísticos y hoteles caros, puedes estar segura de que en estos lugares te encontrarás con dueños de empresas, en vez de empleados si vas a lugares baratos. Dependiendo de lo que venda tu empleador, puedes encontrar personas ricas e influyentes en estos lugares. Piensa en tus vacaciones como una inversión. ¡Invierte en tus proyectos de empleo-empresario!

No hay ninguna razón lógica para no buscar clientes grandes. Las mismas habilidades de presentación que solías emplear con tu jefe o empleador las puedes usar para presentarte ante prospectos de gran porte. Recuerda averiguar todo lo que puedas sobre sus necesidades y deseos antes de proponer cualquier solución. Deben sentir que conoces sus problemas y sufrimientos más urgentes y que ya has creado una solución personalizada para sus necesidades específicas.

¿Qué pasa si no vendes ningún producto físico y tu empleador solo ofrece servicios? Si trabajas en una industria de servicios y la gente tiene que acudir al negocio para recibir su servicio - como en un hotel -, entonces puedes utilizar el mismo concepto para atraer grandes clientes. Los hoteles aman los grupos de personas. Los grupos son el equivalente de las ventas al por mayor cuando se habla de hoteles. Saben que no pueden conseguir todos los grupos que existen. Tu ayuda será invaluable y bienvenida.

Dependiendo del acuerdo al que llegues con tu empleador, todo lo que necesitas hacer es poner a la persona encargada del grupo en contacto con el gerente de ventas del hotel y ¡magia!

No importa si vendes productos o servicios. Si hay un cliente que quiere o necesita tus productos, puedes crear la conexión para conseguir el cliente. Es así de simple.

Ten en cuenta que no eres una empresa. Eres un individuo dueño de tu propia función de empleo-empresario. No tienes inventario, gastos generales, empleados o dolores de cabeza.

Eres un empleo-empresario y, como una abeja, haces crecer las cosas tocándolas con tu intelecto. Tú creas tus propias estrategias cuando se trata de conseguir clientes. Evita presionar a tus prospectos para que compren. Recuerda que estas aprendiendo una nueva manera de hacer negocios. Muchas compañías usan la estrategia de compra ahora o nunca. Esta manera trabajar no crea relaciones profundas; ten siempre en cuenta que el dinero sale de las personas, no de los bancos o financieras, sino de las personas. Por eso las relaciones son tan importantes. Mantén tu enfoque en crear relaciones profundas y significativas.

Puede que un prospecto no esté listo para comprar ahora; si es un prospecto comprará lo que vendes y le comprará a la persona que esté ahí cuando llegue la necesidad. Si el cliente no está listo, sigue adelante desarrollando la relación sin presionar.

El cliente puede estar interesado ahora, pero tal vez no tenga el dinero, o puede que tenga que pensarlo o consultarlo con un socio. Todos tenemos situaciones y muchas veces complicaciones que resolver cuando tomamos decisiones. Siempre es bueno brindar al cliente la oportunidad de mantenerse en contacto contigo (por teléfono, correo electrónico, mensaje de texto o redes sociales) en caso de que más tarde quiera comprar o hacer preguntas sobre la oferta. Este enfoque no solo te ayudará a vender, sino que también te ayudará a crear un banco de clientes potenciales que pensará en ti al momento de tomar la decisión de comprar.

Esta puede ser tu ventaja ante la competencia de dos maneras: 1) al crear una relación con tus clientes y prospectos, los aseguras como clientes para siempre y 2) al crear un banco de clientes potenciales, te aseguras de poder tener un grupo de personas que necesitan o desean comprar los productos y servicios de tu empleador o tus proyectos de empleo-empresario con regularidad.

La base de cualquier relación es la confianza. Asegúrate de construir sobre esta base siempre cumpliendo tus promesas, entregando productos y servicios de calidad y ejecutando tus garantías.

Tu banco de clientes potenciales resultará invaluable para aumentar tus ingresos mensuales. Esto te da la oportunidad de aumentar tu salario con la frecuencia que quieras, porque sabes que están interesados en comprar lo que vendes y todo lo que tienes que hacer es mantenerte en contacto y seguir agregando clientes y prospectos a tu lista.

Imagina que tu empleador tiene un inventario de productos con el que no sabe qué hacer; tú puedes vendérselo a tu lista o encontrar compradores usando tu intelecto. O imagina que tu empleador tiene una temporada baja en el área de servicio de la empresa. Puedes vender esos servicios a tu banco de clientes potenciales con descuento o sin descuentos. No hay límites cuando se trata de las posibilidades que puede haber en tu industria, y empresa en particular, si las buscas. Toca y se te abrirá, llama y se te responderá.

Entonces, *¿cómo se crea un gran banco de clientes potenciales?* Lo primero y más importante a tener en cuenta es que cada vez que presentas tus ofertas, debes buscar una de dos cosas: una venta o un prospecto que agregar a tu lista. Una de esas dos debe ser tu meta. Hoy en día, la mayoría de la gente desea establecer relaciones con sus proveedores de servicios.

Cuando tu lista esté creciendo con clientes y prospectos, comenzarás a ver el poder de los referidos. Todos conocemos personas son gerentes, dueños de negocios, supervisores, etc. Aquí es donde existe el verdadero poder de las relaciones que creaste con cada persona en tu lista. ¿Lo puedes ver? Nunca subestimes a ningún cliente potencial que se te presente. La persona más pequeña puede conectarte con la persona más grande. Ten esto siempre en cuenta mientras continúas trabajando en tus proyectos de empleo-empresario.

Debes tener un sistema para trabajar con tus clientes potenciales de manera efectiva. Al tratar con ellos, debes estar familiarizado con estos tres aspectos: 1) *Conectar con el prospecto*, 2) *Tu relación con el prospecto* y 3) *Convertir al prospecto en un cliente*.

Conectar con el Prospecto

El mundo empresarial se creó con la mentalidad de un cazador. Los cazadores cazan todos los días e intentan ganarse la vida acercándose a los clientes y pidiéndoles que compren ahora. No hay nada de malo en cazar ahora, pero cuando eso es todo lo que haces, tienes que cazar para siempre, por no estar sembrando para cosechar mañana. La mejor forma de crear un banco de clientes potenciales es mediante la siembra de semillas que florecerán en relaciones importantes.

Los agricultores siempre tienen comida porque cultivan semillas, animales y otros recursos naturales en un ecosistema que ellos controlan. No tienen que salir en el frío de invierno o el calor quemante del verano a buscar comida.

La mejor manera de conectar con prospectos es en persona. No importa que tanto avance la tecnología... nada superara el darse la mano, mirarse a los ojos y sentir la sinceridad de un alma con la otra. Si no puedes conectar con prospectos en persona en eventos sociales, convenciones o reuniones corporativas, entonces las redes sociales como LinkedIn son una buena opción. También existen muchas aplicaciones de teleconferencias donde se pueden hacer reuniones... lo importante es conectar. Planéate para conectar con 3 personas o clientes potenciales todos los días y veras tu lista crecer rápidamente.

Tu relación con el prospecto

La relación que debes crear con los clientes potenciales es más importante que conectar con ellos. Si tu prospecto ha aceptado mantenerse en contacto contigo por correo electrónico, teléfono o correo postal, ahora puedes comunicarte con él y mantenerle informado sobre novedades con los productos y servicios en los que mostró interés.

Convertir al prospecto en un cliente

La meta es convertir el prospecto en cliente lo más rápido posible, pero sin mostrar prisa o desesperación. Cuando conviertas el prospecto en cliente, sácalo de la lista de prospectos y lo pones en la lista de clientes. Si tus clientes están felices y satisfechos, no tendrás ningún problema para conseguir referidos. La manera más fácil de conseguir referidos de nuestros clientes es preguntándoles.

CAPÍTULO 19
ASUNTOS LEGALES
Y NEGOCIACIONES

«La Ambición Humana duerme tranquila, hasta que el Dinero aparece».
— Carlos Sano

Dependiendo de la relación que tengas con tu empleador, tú debes tener una idea de lo que puedes esperar en términos de honestidad e integridad. Sin embargo, siempre es una buena idea protegerse tanto como sea posible.

Lo más probable es que tu empleador esté en contacto con un abogado sofisticado para estructurar cualquier contrato contigo o puedes buscar un abogado tú mismo. Una cosa que puedes hacer para asegurarte de que estés protegido y de que no perderás tu dinero como empleo-empresario, es que un abogado revise los contratos o acuerdos para asegurarte que no haya nada que pueda anular tus beneficios monetarios.

Si tu abogado te da luz verde, puedes continuar. Y si confías en tu empleador, ni siquiera tienes que mencionar que estás utilizando a un abogado. Puedes escribir un acuerdo tú mismo o buscar un ejemplo de contrato en el internet, modificarlo y listo. Todo depende del tipo de contrato que estés trabajando y presentando: sé flexible y no asustes a tu empleador con conflictos o temores que tengas.

Algunos empleadores pueden pensar que te están haciendo un gran favor al permitirte ganar más dinero del que te toca como empleado. Ante sus ojos, deberías estar agradecido, muéstrale que estás agradecido y que no le fallarás. Dale todas las indicaciones de que confías en él, pero asegúrate de protegerte con contratos, por si acaso.

Los acuerdos se pueden estructurar de diversas formas. Sé flexible, no presiones. Debes permitir que tu empleador tome la iniciativa si es tu primer proyecto. Llegará el momento en que tu influencia y poder de negociación crezcan, pero al principio, comprende que tienes poca influencia y poco poder. Además, este tipo de negociación es nueva para ti y para tu jefe. Las situaciones nuevas muchas veces causan estrés, créeme. Esta es una gran oportunidad que se te está dando. Se te está permitiendo manejar tus propios proyectos dentro del negocio de tu jefe.

Este tipo de emprendimientos entre empleador/ empleo-empresario puede ser inusual y delicado. Tu empleador puede estar atento a cualquier señal de problema para proporcionar una excusa y acabar con el acuerdo. Cuando hay dinero de por medio, es mejor estar bien protegido. Se humilde, escucha y aprende. Y, sobre todo, has que tu empleador confíe en ti al 100%.

A continuación, algunos detalles que debes tener absolutamente claros antes de firmar cualquier contrato o acuerdo con tu empleador o jefe:

COMPENSACIÓN:

Las compensaciones tienen muchas variantes. Algunas personas quieren acciones en la compañía, un pago total o comisiones mensuales, mientras que otras solo quieren tiempo libre pagado. ¿Qué deseas tú? Piénsalo. Mereces ser bien recompensado. No te dejes intimidar por el hecho de que también eres un empleado; como empleo-empresario estás por encima de tu empleomanía y pasas a ser un consultor que trabaja para sí mismo. No seas codicioso, pero hazle saber a tu jefe que esperas recibir una compensación justa por los ingresos adicionales que le traerás a su empresa.

INGRESOS RESIDUALES

Permíteme presentarte un escenario para explicar el ingreso residual de una manera que puedas comprenderlo perfectamente. Supongamos que traes un tremendo cliente a tu empleador. Todo va muy bien con tu trabajo y tu emprendimiento de empleo-empresario se mantiene firme. Pero de repente, recibes la noticia de que, por motivos personales, debes mudarte y tu empresa no tiene una sucursal en la ciudad a la que debes trasladarte.

Si en el contrato estipulaste que recibirías una compensación por todas las transacciones que tus clientes realicen con tu empleador, incluso si ya no estás en la empresa, efectivamente recibirás un pago mensual en base a todos los clientes que hayas traído a la compañía. Sin embargo - no importa lo amable y simpático que sea tu empleador -, si esto no está estipulado en el contrato o si ha sido algo acordado solo de boca, es muy probable que en algún momento, tu empleador se pueda sentir "extraño" pagándote aún cuando ya no estés en la empresa. Recuerda: las corporaciones no son personas, aunque las personas las dirijan... no sienten remordimiento ni empatía. ¡Protégete!

Lo más probable es que los clientes que traigas sigan haciendo negocios con tu empleador durante el tiempo que permanezcas en la empresa o incluso mucho después de que te hayas ido. Asegúrate de especificar claramente en el contrato que tienes derecho a ingresos residuales durante la vida comercial de todos tus clientes con tu empleador.

BENEFICIARIO DE SOBREVIVIENTES A

Todos tenemos una fecha de expiración. Asegúrate de haber escrito en el contrato la persona o personas que deseas que sigan recibiendo los beneficios de tus proyectos de empleo-empresario en caso de que fallezcas inesperadamente.

Dependiendo de lo duro que trabajes, podrías terminar con acuerdos que generen hasta millones de dólares: no querrás que tu empleador se quede con todo ese dinero cuando tu familia podría estar recibiéndolo. Asegúrate de que el acuerdo que firmes lo estipule claramente. Si tu empleador se niega a hacer esto, consulta con tu abogado para que puedas encontrar maneras de asegurarte que tu dinero llegue a tu familia y no a la cuenta bancaria de tu empleador.

NUEVOS PRODUCTOS, SERVICIOS E INNOVACIONES

Si creas nuevos productos o servicios para tu empleador, ¿a quién pertenecen estos productos, servicios o innovaciones? Asegúrate de estipularlo en el contrato desde el principio para evitar situaciones dolorosas e incómodas más adelante.

En una conversación, todo puede parecer perfecto, pero cuando el dinero comienza a llegar (y créeme, si aplicas las estrategias de este libro, el dinero llegará), los acuerdos fallan, las lealtades cambian, las amistades se rompen y las relaciones entre empleo-empresarios y empleadores se pueden volver amargas.

Puedes evitar conflictos dejando todo muy claro desde el principio. Esta conversación puede no ser agradable, pero si tu empleador no quiere estar de acuerdo con las cláusulas del contrato que desde el principio te protegen a ti (y a él mismo), ten cuidado con cualquier trato verbal que hagas con tu empleador.

Ten en cuenta que, si estás actuando como un empleo-empresario, tienes el control de tus propiedades intelectuales. Puedes cederle los derechos exclusivos de tus creaciones a tu empleador si deseas o puedes arrendarlos a otras compañías si así lo deseas. Investiga las organizaciones gubernamentales que protegen tu propiedad intelectual o industrial en tu país. Todo depende de ti.

CAPÍTULO 20
GRATITUD: SÉ AGRADECIDO

«Cuando te levantes por la mañana, piensa en el precioso privilegio de estar vivo, respira, piensa, disfruta y ama».
—Marcus Aurelius.

Todo lo que tienes o has tenido te ha llegado a través de otras personas. Cuando eras bebé, recibiste amor, atención y orientación de tus padres, familiares y amigos. Hoy, como empleado, recibes beneficios creados por tu empleador y por ti mismo.

Esto te permite tener todas las cosas materiales que posees actualmente: tu carro, tu casa, tu ropa, etc. Sin embargo, muchas personas a menudo se olvidan de agradecer por todas las cosas que tienen. El teólogo alemán Meister Eckhart dijo: *"si la única oración que dijeras en tu vida fuera "gracias", eso será suficiente".* Mucha gente da las gracias de forma predeterminada y automática, como cuando alguien hace algo bueno por ellos, cuando un extraño sostiene la puerta, por ejemplo. Pero, ¿qué es una oración de agradecimiento? ¿Y qué significa? El diccionario define la palabra gratitud como *«un sentimiento de agradecimiento, reconocimiento y aprecio».*

Jesús dijo que debemos estar «agradecidos por las cosas que tenemos y también dar gracias por las cosas que deseamos tener, como si ya las tuviéramos». Si crees en un ser superior, sea cual sea el nombre que le atribuyas, da gracias por todo lo que tienes, lo que consigues y hasta lo que no consigues.

¿Por qué decir *"gracias"* por nuestras posesiones actuales y futuras? Porque al hacerlo, nos mantenemos conectados con las cosas que tenemos, estamos conscientes de ellas y las disfrutamos, mientras buscamos las cosas que deseamos tener. El no agradecer por las cosas que ya tenemos es una de las principales causas de sufrimiento en nuestra sociedad. Este comportamiento nos mantiene en un estado de "no es suficiente" todo el tiempo.

Ninguna posesión del mundo puede hacerte feliz si no tienes motivaciones que vayan más allá de esas posesiones materiales. Una casa en sí misma no es felicidad. La felicidad es convertir esa casa en un hogar: una pareja, hijos, visitas de amigos y familiares, armonía, dinero, etc. Un coche en sí mismo no brinda felicidad. La felicidad es a dónde ese automóvil puede llevarte (o la sensación placentera de conducir): a la boda de un amigo, unas vacaciones o un restaurante que amas.

Las posesiones materiales son un puente hacia otras cosas, no un fin en sí mismas. Si tratas de hacer que ellas sean responsables de tu felicidad, solo terminarás miserable y decepcionado. Muchas de las personas más ricas del planeta, pasadas y presentes, han vivido vidas miserables porque intentaron convertir sus posesiones materiales en felicidad. Es imposible. Somos seres espirituales, todo existe para nuestro disfrute espiritual... todo.

Adquiere el hábito de decir «gracias» a lo largo de cada día y siempre sé agradecido por todo lo que ya tienes y todo lo que tendrás.

¿Cómo puede ser tan poderoso este simple acto de dar gracias? He aquí algunas razones.

Decir *"gracias"* te recordará todas las cosas buenas que tienes en tu vida. Te hará pensar en tu familia, amigos y otros seres queridos, así como en todo lo que posees. Dar gracias te centra en el momento presente porque te hace pensar en lo dichoso y bendecido que eres.

Decir *"gracias"* te recordará la suerte que tienes de estar vivo, de poder ver cada nuevo día y de poder disfrutarlo con las personas que amas. Decir «gracias» te recordará que debes apreciar a las personas en tu vida, porque cuando las reconoces y agradeces por todo lo que significan para ti y hacen por ti, tus relaciones se fortalecerán.

Decir *"gracias"* te recordará que incluso las cosas negativas que llegan a tu vida tienen un propósito. Trata de no estresarte cuando las cosas no vayan según tus planes. Sé flexible. Tus planes son sugerencias, no órdenes. Una situación negativa significa que algo necesita tu atención. Debes detenerte, prestar atención, solucionarlo, aprender la lección y seguir creciendo.

Decir *"gracias"* por lo que tienes te recordará constantemente que debes disfrutar de todo en la vida y esta alegría, a su vez, atraerá todas las cosas nuevas que deseas.

Seamos realistas... nunca tendremos absolutamente todo lo que queremos. No quiero decir que debamos ser conformistas y aceptar situaciones que no deseamos. Lo que quiero decir es que llegar a un punto en el que no queremos nada más es imposible, porque nuestra naturaleza es querer más: más cosas, más experiencias y más conocimiento. Siempre hay algo nuevo que experimentar, aprender, arreglar, vender o comprar. Es parte de la vida diaria. Es la naturaleza humana crecer experimentando cosas nuevas todos los días.

Por esta razón estás leyendo este libro, porque quieres crecer en tu empleo. Un salario fijo va en contra de la naturaleza. Da gracias por tu salario y conviértete en un empleo-empresario para que lo aumentes lo más rápido posible.

CAPÍTULO 21
DEFINE TUS METAS

«Un hombre, por regla general, debe muy poco a aquello con lo que ha nacido: el hombre es lo que él hace de sí mismo».
—Alexander Graham Bell

La razón número uno por la que la mayoría de las personas no hacen realidad sus sueños es porque no establecen metas. Definir metas es como enviar un mensaje de lo que quieres a la sociedad y al universo. Una meta es una declaración al mundo de tus intenciones. Aunque definas y organices tus metas en privado, pronto se harán públicos gracias al poder de tus intenciones y atención, porque tu atención es energía y la energía es poder creativo. Hacer declaraciones de objetivos es la mejor manera de grabar tus deseos en tu subconsciente, que se comunica directamente con la mente universal y con todas las mentes del planeta. El universo o la substancia que crea la vida, anhela, se muere por darte todo lo que deseas. Todo lo que necesitas hacer es desear, planear y trabajar en armonía con las leyes divinas, para que todo lo que quieres sea creado a través de ti, para ti.

Definir metas asegura que nuestros sueños y deseos permanezcan frescos en el consciente y el subconsciente. Estoy seguro de que has visto u oído hablar de *El secreto*, la película que inició un movimiento global sobre el poder de la mente para atraer lo que queremos. El concepto es cierto, pero los productores y actores omitieron dos factores fundamentales en la realización de los sueños de uno: 1) la autoestima (que cubrimos en el capítulo uno) y 2) la definición de tus metas.

Sin estos dos elementos, el secreto sigue siendo nada más que un secreto.

En mi opinión personal, no se trata tanto de conseguir el objeto de tus sueños y deseos; lo conseguirás, sin duda. Pero más importante aún, se trata de cómo te sentirás al saber que estás trabajando con todos tus recursos para lograr tus objetivos.

Pero la consciencia y los buenos sentimientos por sí solos no funcionarán. También necesitas disciplina y perseverancia. La combinación de estos cuatro factores (autoestima, definición de metas, pensar constantemente en tus sueños y trabajar para descubrir nuevas oportunidades y aumentar tu valor comercial en tu empleo) te brindará los resultados financieros que buscas en términos de aumentos salariales, promociones, y reconocimiento para vivir una vida mejor.

Uno de los mejores autores en términos de establecimiento de objetivos que conozco es Brian Tracy. Su libro *Goals!* es uno de los mejores sobre definición de metas.

Brian Tracy ofrece una manera muy interesante de establecer metas. Este es el concepto: escribe tus metas en tiempo presente, como si ya fueran una realidad. Por ejemplo: en vez de decir «dejaré de fumar», di «no soy un fumador», «ya no fumo». Brian aconseja que cuando establezcas tus metas, siempre debes usar la primera persona seguida de un verbo de acción. Por ejemplo: *"estoy manejando el carro de mis sueños"* o *"yo gano $50,000 dólares al mes"*.

Otro ejercicio es escribir diez objetivos en una hoja de papel en blanco. Una vez que tengas los diez objetivos en el papel, hazte esta pregunta: *"si pudiera usar una varita mágica y lograr cualquier objetivo de esta lista en veinticuatro horas, ¿cuál de los objetivos tendría el mayor impacto positivo en mi vida?"*. Has un círculo alrededor del objetivo elegido y luego transfiérelo a la parte superior de otra hoja de papel.

1. Escríbelo claramente.
2. Establece una fecha límite para lograr este objetivo.
3. Identifica los obstáculos que deberás superar para lograr este objetivo.
4. Identifica los conocimientos y las habilidades que necesitarás para lograrlo.
5. Establece prioridades en los pasos que implementarás para alcanzar este objetivo.

Lo más importante es tomar consciencia de tus sueños y deseos. Habla sobre ellos, escríbelos y léelos todos los días y cree que te mereces todos y cada uno de ellos.

Si sigues estos pasos, la información que aparece en este libro será de mayor beneficio para ti. Tendrá mayor valor y beneficios para hacer realidad todos tus proyectos de empleo-empresario y tus sueños financieros.

CAPÍTULO 22
CREANDO EL ESTILO DE VIDA QUE DESEAS

«*Crea tu propio Estilo de Vida, si no lo haces, alguien te lo creará. ¿Y sabes qué?... puede que no te guste*».

— Carlos Sano

Tu trabajo es un trampolín hacia la vida que deseas vivir. Probablemente comenzaste a trabajar en tu puesto actual porque ofrecía lo que estabas buscando, o quizás simplemente porque era todo lo que estaba disponible.

A estas alturas, es posible que te hayas dado cuenta de que en estos tiempos económicos, sería difícil alcanzar tus metas con un salario fijo y aumentos ajustados a la inflación. Simplemente no cuadra. El propósito de este libro ha sido mostrarte que tener la vida que deseas, mientras tienes un empleo, es realmente posible. Lo único que queda por descubrir es cómo será la vida de tus sueños. ¿Qué es lo que realmente quieres de la vida y de tu emprendimiento de empleo-empresario?

Las siguientes preguntas me han ayudado a aclarar mis metas y sueños. Tómate el tiempo para responderlas y vuelve a leerlas con frecuencia. Te mantendrán en el camino correcto.

¿Cómo quieres diseñar tu nuevo estilo de vida?

¿Cómo son tus relaciones con su pareja, hijos, amigos, familiares, etc.? ¿Cómo quieres que cambien esas relaciones, si es que quieres?

¿Dónde quieres vivir? ¿Qué tipo de casa quieres? ¿Cómo se ve? ¿Cuál es el estilo y el color y cuántas habitaciones tiene? ¿Tiene piscina?

¿Cuál es el horario de trabajo de tus sueños? ¿Cuántas horas quieres trabajar y cuántos días a la semana? ¿Cuánto dinero quieres ganar cada año? ¿Qué constituirá el éxito para ti en tu nuevo estilo de vida? ¿Con quién trabajarás y quiénes serán tus clientes? ¿Qué tipo de relación tendrás con ellos?

¿Cuál es tu idea de unas vacaciones perfectas? ¿A dónde irás y qué harás? ¿Qué países sueñas visitar? ¿Qué actividades disfrutarás más?

¿Qué consideras que es importante en tu vida ahora? ¿Cómo crees que eso podría cambiar cuando comiences a vivir el estilo de vida que deseas?

¿Te ejercitarás más para estar más sano y vivir más tiempo? ¿Te consentirás y practicarás técnicas para llevar una vida equilibrada, como hacer yoga y llevar una dieta saludable?

¿Cómo pasarás tu tiempo libre? ¿Qué harás? ¿Dónde irás? ¿Qué te hará feliz todos los días? ¿Cuál será la razón número uno para levantarse de la cama?

¿Con quién querrás vivir tu nueva vida?

Cuando tenemos sueños grandes, a veces no tenemos claro cuánto cuestan las cosas que harán nuestros sueños realidad. Una estrategia muy útil es dividir nuestros sueños en partes pequeñas. Por ejemplo, ¿cuánto dinero necesitamos mensualmente para mantener el estilo de vida de nuestros sueños?

Todo puede parecer complicado o demasiado difícil de lograr. Pero una vez que logramos ver las partes individuales, podemos determinar exactamente lo que tenemos que hacer.

En el cuadro de abajo, puedes ver lo fácil que es describir y simplificar financieramente la cantidad de dinero que necesitas, mensual y diariamente, para vivir la vida que deseas.

En la primera columna, enumera las cosas que deseas. En el segundo, anota cuánto cuestan por mes. En el tercero, cuánto cuestan por día. En el cuarto, escribe las razones por las que deseas estas cosas.

Pruébalo y verás cómo este ejercicio puede brindarte claridad sobre las cosas que necesitas para comenzar a vivir la vida que siempre soñaste. Pero sobre todo, te dará mayor claridad sobre lo que necesitas hacer para lograrlo.

Artículo	Costo mensual	Costo diario	¿Por qué?
	$	$	

Una vez que hayas completado este ejercicio, tendrás una comprensión clara y firme de tus finanzas y del tamaño de los proyectos o clientes que debes llevar a tu empleador. Dependiendo del estilo de vida que desees para ti, la cantidad de dinero que necesitas ganar puede variar. Debes ser creativo y flexible con los recursos de tu empleador. Úsalos, están disponibles para ti, si traes proyectos con beneficios para ambos.

Esta claridad de propósito te infundirá una energía que nunca antes habías experimentado. Tu actitud cambiará por completo y tu inspiración y entusiasmo por la vida fluirán dentro de ti como una carga eléctrica que busca por donde salir a crear la vida que deseas.

EPÍLOGO

Los beneficios que traerás al negocio de tu empleador, una vez que te conviertas en un empleo-empresario, te diferenciarán de todos tus compañeros de trabajo y te pondrán en línea para ascensos rápidos a posiciones más altas si lo deseas.

Puedes ayudar a tu empleador a darse cuenta de que las empresas de todo el mundo perdieron el rumbo con la llegada de la Revolución Industrial. Hoy en día, muchas empresas todavía se comportan con la misma mentalidad limitante de hace 50 o incluso 100 años. Ignoran el conocimiento y la percepción de los empleados, incluso cuando estos saben más que la administración sobre los clientes. La gerencia crea un plan de negocios y se retira, dejando que los empleados se ocupen de los clientes cada hora del día.

Tu empleador no sabe lo que eres capaz de hacer. Para él, representas la descripción del trabajo: un par de manos con un conjunto de tareas para ejecutar día tras día.

No entiende que puedes hacer que su negocio prospere más allá de sus sueños más ambiciosos. Quizás tú tampoco lo sabías, pero ahora tienes una idea de lo que es posible. Este libro te lo ha mostrado y también te ha mostrado lo fácil que puede ser.

Mereces vivir la vida con la que sueñas. Si, financieramente hablando, no la estás viviendo ahora, es porque no estás ganando la cantidad de dinero que necesitas. Identifícate como empleo-empresario y ayuda a tu jefe a ganar más dinero y empezarás a vivir la vida que deseas.

Aumenta Tu Propio Salario ¡Comienza Hoy Empleo-Empresario!

ÚNETE A NUESTRO GRUPO PRIVADO EN FACEBOOK:

FACEBOOK: EMPLEO-EMPRESARIO: AUMENTA TU PROPIO SALARIO EN TU EMPLEO!